青春微素養

36個
通往更理想自己的
基本功

蔡淇華

目次

一推薦序一

現代的俠客——淇華其人其文

作家 李崇建

我認識淇華十餘年了，至今都受他影響。

無論是在做人處事，還是在文學創作上，我都持續跟他學習，感染他傳遞給我的能量。他是一個溫潤、樸實低調、有人文情懷、努力實踐的文人，也是現代的俠客，這是我對他始終未變的印象。

我與淇華的淵源，得回溯至二〇〇六年。當時我搬回台中，與文友創立千樹成林，正是淇華任教學校的對面，但我不知道蔡淇華是誰，淇華亦不知道我是誰。

淇華是學校圖書館館長，帶領文學社團閱讀討論，帶著學生寫作與追尋，那是極其浪漫的行動。他社團有一位學生，是8P（當時我參與的文學團體）的讀者，學生很興奮的介紹8P，介紹「李崇建」這個人，他決定登門拜訪我。

他邀我到學校演講，邀我參與文學獎評審，邀我到社團指導，邀我一起吃飯喝茶，與我交流寫作的想法，談他的文學夢想，談他的社會責任……。彼時他已經四十歲了，還沒出版作品，但他有文學夢，他是那麼有熱情。他跟嚴忠政學習寫詩，帶領文學社團與活動二十年不輟，他至今仍然持續書寫……。

我介紹我們認識的過程：他聽了學生介紹即來拜訪，充分和學生交流與聯結、他不停的學習成長、中年仍有夢想、實踐了夢想、持續進行有意義的事……。

蔡淇華是一個這樣的人。

他的文字也展現這樣的溫潤、熱誠、正直、創造力，我一旦閱讀就深深觸動，也深有學習。我的寫作班教師群，多半都看過淇華的作品，幾乎都與我同樣感想，從他的書中獲得甚多。

這本《青春微素養》亦是如此。

他談如何寫自傳、寫作文、如何考試、如何開會，都整理得既有宏觀的視野，又有微觀的細膩。

他談的方法，諸如找到楷模、如何成為自己、如何有辦法、找到自己專長，是直指人的內在，讓人與內在自我連結，形塑出一種力量，那是真正的力量。從外在的典範，進入內在的力量。

他談人的動力，直指冰山的「渴望」，讓人體驗自己的價值，做一個為自己驕傲的人。

他寫態度一節，則綜合著人的應對，如何應對這個世界，如何應對學習者的自己，去成為一個「生命」。

我看淇華的文章，只有讚嘆，只有學習，還有溫暖，還有感到生命的力量。因為他傳遞的不只是工具，不只是方法，而是一種看世界、看自己的視野，是一份人文的情懷，一種溫潤的理想，一種溫暖的堅持與理想，看他的文章不僅知識上有增長，更有一份剛毅且宏觀的內在浮現。

我非常期待他的書，也期待所有人都能閱讀他的書，因為他文如其人，是個讓人有力量，也學會溫潤熱情的人，是我視為書寫者、教育者與學習者的典範。

—推薦序—

許一個青春世代的「成功學」

前國家教育研究院課程與教學研究中心主任 **范信賢**

未來一直來，如今 i 世代面對的學習樣態和挑戰，已經全然不同於已往的二十世紀。既然如此，曾經年輕過的成人們，還有什麼可以「教」給 i 世代的呢？

其實，追求成功以求自我實現、貢獻社會，是無論世代差異的教育追尋，淇華老師從與青春世代互動經驗淬鍊出的《青春微素養》，正是許給青春世代面對長遠未來的一種「成功學」。

請別誤會，淇華老師的「成功學」並不是功成名就的世俗功利取向，而是「成為更好的自己」以利己利人的圓滿過程。換句話說，「成功」並不是學習的目標，毋寧是學習的結果。「主體」、「學習」和「未來」是一〇八新課綱的關鍵字，從「主體」的視角切入，「成功」可以有多種且獨特的面向，不是非要大家都依從主流價值的長成制式樣貌，而是能傾聽自己的「動力」與「天真」，回歸自身主體與世界的聯結，探尋生命的意義感，而有機會成為更好的自己。

當然，更好的自己並非天然可就，它需要經歷「成為」的生成試煉。此書的「態度」、「方法」和「工具」等篇章，提供了具體的心法和方法，讓自己踏上「魔法師」的英雄修練之旅。

這樣看來，「學習」並非只是個體的、真空情境的狀況，「學」字，即是要我們永保赤子之心，在情境脈絡裡，攜手協作的與他人、與世界產生真實的聯結；「習」字，也是寓意如同羽翼初豐的幼鳥，一遍又一遍的探索方法與策略，以致整合活用的展翅高飛。

未來一直來，它不會等待，面對未來，關鍵在於為「成為更好的自己」而學習，進而與他人及世界共感、共好。淇華老師的《青春微素養》，正是許一個青春世代永續學習的成長敘事，讓我們透過有感的學習、深度的學習，而迎向未來，成為利己利人的更好自己。

是的，我們只是一位老師——但我們要當為台灣找出口的老師

中華男子拔河代表隊總教練／國立台灣海洋大學助理教授 **陳建文**

我一九九四年底開始接觸拔河運動，一九九八年代表國家參加拔河世錦賽時，因對岸的抗議，一邊流著淚，一邊撕下胸面的國旗才能繼續出賽時，告訴自己有朝一日一定要將台灣帶上世界盃的舞台。接續的十五年間，我們開始學習、模仿各個曾經拿下世界金牌隊伍的技術，並加以拆解。

二〇一二年世界盃，身為中華男子拔河隊教練，原以為可為台灣拿下第一面世界男拔金牌，然而台灣男子隊打敗亞軍蘇格蘭、季軍英國、殿軍愛爾

蘭，五連勝後對北愛爾蘭（後來的冠軍隊），第一局獲勝後，被老外裁判判定失格，拿一條莫須有的理由（鞋底不能噴清潔劑），硬生生拔掉冠軍。

二〇一四年，台灣男拔想要參加世界盃，拿回屬於台灣的金牌，但出國經費不足。淇華學長主動協助募款，最後募到四百多萬元旅費——台灣回來了。在愛爾蘭的土地上，台灣隊一路打敗蘇格蘭、北愛爾蘭、中國、愛爾蘭、西班牙，最後冠軍賽力克英格蘭，以完勝之姿獲得金牌。讓我們相信，有個名字從哪裡跌倒，就從哪裡站起來！他叫——台灣！

二〇一八年世錦賽決賽，在台灣即將再次拿下第二面的男子世錦賽金牌時，再一次被裁判給了黑哨。在我們向世界總會提出申訴的過程中，必須拍攝英文版的影片，向世界各國表達我們的立場，心中即刻想起總是充滿熱血、仗義行俠的淇華學長，只見淇華學長很熟悉的跟我一同討論內容方向、如何翻譯、英文網站架設、翻譯志工人選、媒體策略，甚至世界總會看到我們的宣稱後會有的反應，我們該如何應對等，進行詳盡的沙盤推演。

最後在許多人的努力下，我們申訴成功，世界總會終於還給台灣應有的金牌。在二〇二〇年，台灣又高舉世錦賽冠軍的獎盃，讓世界再次看見台灣。在世界拔河圈內相當資深的愛爾蘭國家隊老教頭 Bill 特地前來致意，對我說：「You are the credit of tug of war.」是的，台灣男子拔河至今已成為世界男子技術的領先者，以及各國競相學習的對象。

之後我轉至國立台灣海洋大學，教授潛水與獨木舟，長時間接觸海洋，發覺台灣在海洋環境及生態保育上，有很多可以努力的空間，也因為這份意念，便加入「海鯖迴家」——以獨木舟長航至石垣島之行動與全台講座，盼能喚起國人重視鯖魚保育的團隊。

那時我們想做一首陪我們划向石垣島的歌，我又想起淇華學長，請他幫我潤飾歌詞。新的歌詞充分展現出海鯖行動的主要概念；他還找來與他搭檔已久的嘉亨學長，幫我們譜曲，讓〈海鯖迴家〉這首歌詞曲均美，讓更多人可以了解這份愛惜、守護台灣海洋與生態的行動與理念。

當播映會中響起〈海鯖迴家〉的旋律時，我可以想像淇華學長心中那份帶著學生走入台灣的態度與志業；當在世界盃頒獎台緩緩升起台灣的會旗時，我可以感受到淇華學長眼中那道將台灣帶向世界的耀眼光芒與熱血。

我們的身分，都只是一位老師，但我們卻可將社會參與聯結在我們的教學實踐中；不僅如此，淇華學長還是努力向世界提案，並為台灣找出口的詩人與魔法師。

本書就是淇華學長自身努力實踐、追夢經驗的分享，每一個觀點都是可以當成強化自我素養的武器，在我們邁向世界之際，勇敢的拿出來用吧！

—推薦序—

有愛，也要有方法

高雄市英明國中公民科老師／《學思達與師生對話》作者 郭進成

愛如果也是一種素養，那麼具體該如何做呢？如何愛人？如何愛知識？如何愛社會？

閱讀淇華老師的這本書，我深深感受自己的大腦又再一次升級更新了。閱讀的過程中，我不斷將書稿放下來，思考與筆記未來可以如何引導我的學生去「做中學」，以及成為更好的公民。

回想這十年來自己大腦升級更新的歷程，印象所及，第一次的升級更新是參加英特爾創新思考教育計畫，第二次則是接觸了張輝誠老師的學思達教學，第三次是李崇建老師的薩提爾對話。

如今蔡淇華老師這本書，讓我再次更新升級了自己。書中內容讓我震撼不已的觀念俯拾皆是。

「原來學習不是只有老師走向學生，也可以是學生主動走向老師。」仔細想想，我這十年來的成長就是如此啊！當我成為真正的自主學習者，主動向我心儀的老師積極請益時，我才有可能成為一個終身學習者，才可能更熱愛自己的工作，進而將自己的工作做得更好。

讀完本書，你將會明白——愛是一種素養，有愛，也要有方法。

推薦序

循環經濟的堅強實踐者——盼望成為淇華老師的學生

親子天下媒體中心總編輯 陳雅慧

常常忘記蔡淇華老師其實是英文老師。他是台中惠文高中圖書館主任，擔任學校七個社團指導老師，出過八本書，指導過的學生得過三百多個校外文學獎，社團的故事還被收入課本。

但我想從「寫作」這件事來介紹淇華老師。書裡有一段很生動的小故事：「我教英文時，總會ＡＢＣＤ唸到一半，偷偷跟同學說：『其實老師很喜歡寫作，如果你們有興趣，可以跟我約時間，在中午、放學後，我都可以教寫作。』」老師並不是早慧的少年文青，而是中年後重新學寫新詩和創作。讓我印象最深刻的是，在寫作這條路上，老師像是馬拉松的跑者，勤勤懇懇的日日前進，記得老師說每天晚上都會花兩個小時寫作。

我更好奇的是，哪有這麼多素材可以寫呢？老師的寫作其實是反思的過程，白天和學生的對話，在晚上寫作的整理中，釐清了對話背後彼此真正的心情和情緒。這個故事和那個故事彼此的關聯互相牽引，又觸動了繼續研究和行動的方向。老師會反思自己到底是怎麼學會寫詩、寫文案、寫劇本，把這些反思整理成方法，把方法拿出來練習，練習會有故事，故事又變成作品，作品吸引更多的聯結……。

讀這本書的過程中，我突然冒出一個想法：「蔡淇華老師本人，簡直就是循環經濟的堅強實踐者啊！」對老師來說，生命中沒有什麼是敷衍浪費的，每一個對話、每一分鐘的投入，都可以透過反思和寫作，做為下一個人生作品孵化的土壤。

循環經濟是零浪費、永續發展的經濟系統，顛覆過去只看GDP國內生產毛額的線性經濟成長模式。線性經濟成長會創造廢棄物，產品會壽終正寢，循環經濟則追求和世界共生。就好像我們以前的學習只是為了考試，考完就可以把課本丟掉，不太需要關注人與環境，好好讀書、長大拚經濟就好。新課綱是教育典範的轉移，為的是建構人類面對永續世界的新系統。

講得好像好難，但是其實淇華老師天天在做，所以跟著這本書，你一定會找到自己可以著手的起點。

記得以前曾經說：「最盼望有一天可以成為蔡淇華老師的學生。因為老師總是可以看到你身上那微弱的光芒，讓你的微光璀璨閃耀。」但是讀完《青春微素養》後發現，其實也可以不用等待那位不知道什麼時候會遇到的老師，我們都可以當自己的老師，看到自己的微光閃耀。

一推薦序一

將南針度與人

學思達創辦人 張輝誠

毓老師上課常說：「講道容易行道難。」有人議事論理，講得好聽、寫得動人，但真做起事來，不是紙上談兵，就是成事不足、敗事有餘。事非經過不知難，人非經過，不知真假良窳。

淇華老師談事論理，極有見地，然能如此者，實亦不少。淇華老師之可貴，並不在此，而在於其內在與精神，他務實、講真話、能成事、充滿公益情懷與持續實踐，他把一個老師的角色發揮到淋漓盡致，斜槓出一堆多元身分（詩人、作詞家、暢銷書作者、公益人、社會運動家、演說家、人生教練等）。然淇華老師並非天資聰穎者，他能做到今日成就，全然在於他多年的堅持、努力不懈、熱情、慷慨，還有正直、善良、慈悲、豪情與嫉惡如仇。

他從來都不是獨善其身的人，他自勵也勵人，自立也立人。見人有善處，無不極力揄揚；見人有難，則挺身而起、為之宣揚、號召與徵援；見有不義，亦難以冷眼旁觀，而是投身與之周旋、折衝與改善。他的行動力與熱情，若此。

淇華的書都值得讀，每一本都是他生命熱情和能量的投射與灌注，讀書如讀「淇」人，閱句如聞淇之聲「華」，句有骨力，文有清氣，鏗鏘飽滿。

淇華當老師之前，經歷過業界工作，對於商業圈、社會脈動，多所掌握，他寫這本書，分享的所有建議，不單只著眼在眼前的考核、測試或評選而已，而是建立在更宏觀的格局、細緻的多元思考，再搭配務實可行的方式，開展讀者的眼光、胸襟與抱負。淇華將南針度與人，讀者可深入體會，自當獲益匪淺，通透之後，日後當也能和淇華一般，自立立人，幫助更多人，形成善的更大循環。

｜推薦序｜

《青春微素養》是最真實的教室

《閱讀理解雜誌》創辦人 **黃國珍**

大部分時候，我們會在一位作者出新書時為他祝賀。寫過書的人可以理解，為什麼出新書的賀喜那麼近似於祝賀一個新生命的誕生。一本書從有想法、構思內容到寫完出版的過程，不輸給一位母親面對懷胎十月的牽腸掛肚和心力煎熬。因此，我要先祝賀淇華老師新書發行。但是我這次要特別恭喜各位讀者們，因為淇華老師又為大家完成一本好書！

談淇華老師新書《青春微素養》之前，要先談我認識的淇華老師，這對理解這本書很重要。在我眼中，淇華老師是一位非典老師。他在成為老師之前，在貿易公司當過進口部副理，之後在知名廣告公司擔任文案，並得過許多文學創作獎項，最後才到學校教書。

從面對生活困境，苦悶於生命空白的憤青，到獲得師鐸獎的Super教師，這一路的成長改變，必定有許多從經驗積累的體悟與學習，進而發展出觀念與實戰兼具的做法。淇華老師把自身真實的社會歷練中精要的內容，轉化為他教育的內涵，並設計成課程，帶領同學感受與學習閱讀的內容，編輯刊物傳播觀點，發起活動關懷社會，這些實踐的觀察與反思，經過條件化的統整編輯後，成為這本書中寶貴的內容。

當素養為導向的教學趨勢，困擾著許多老師在課程設計上融入探究實作，規劃加深、加廣課程，落實跨領域學習時，淇華老師早已經在他的課堂中，為這目標提供極具價值的實踐典範。而且他那從社會走入校園的經驗，正好佐證新課綱「以終為始」這核心思維的價值。生活議題就是最佳的學習課題，最真實的教室就在你身處所在之地，問題等待你去發現，答案因你創造而生。在過程中所有的知識、技能和態度的學習，包括學習本身，都是真實世界的生存本事。

去年十二月我因為雜誌的主題閱讀單元，採訪淇華老師並拍攝影片，回到編輯室反覆看著淇華老師受訪的影片，螢幕中他的臉並沒有對著鏡頭，微微頷首的角度，眼神充滿懇切，望著很深很深的遠方，那個方向並沒有與他對話的人，但是我知道在淇華老師眼前，必定是注視著包含所有面對學習的青春靈魂，而影片中那些話語，是駐在他內心深處那教師靈魂的傾訴。

讀完蔡淇華老師新書《青春微素養》，不知怎麼著，心中浮現《聖經》中一段著名的經文：「我雖然行過死蔭的幽谷，也不怕遭害，因為你與我同在，你的杖，你的竿，都安慰我。」

我想是書中淇華自己，以及師生間動人的故事，篇章裡從生命幽谷傳來懇切的耳提面命，還有存在於文字間的熱情力量，讓我感受到被指引與支持，我相信這是當前教育現場最需要的。

—推薦序—

他用一則臉書文，溫暖全台漁工

《天下雜誌》「獨立評論＠天下」總監 廖雲章

素養從來不是一蹴可幾，不過，淇華老師的《青春微素養》是一本武功祕笈，滿滿的故事都是他走過的路、練過的功，好的壞的都成為生命的養分。讀了他的書，不會讓你的武功突飛猛進，而是讓你知道，生命中沒有白走的路、白吃的虧，你會更懂得如何活在當下，掌握每一個生命中的轉機，不浪費任何危機。

認識淇華老師是因為一場訪問，他在閒談裡很快知道，我除了天下雜誌獨立評論的新聞工作之外，也長年投入東南亞移民工的社會行動，他馬上開口邀約，請我參加他所主辦的跨校文創營。

那場演講的主題是「東南亞媒體與社會行動」，我提到褚士瑩為南方澳漁工發起的「為東南亞漁工募集冬衣」運動，學生們才第一次知道，台灣餐桌上的海鮮，來自東南亞漁工日夜的辛勤勞動，可是這些出身赤道國家的漁工，在賺取微薄工資的同時，很難抵抗台灣冷冽的冬天，往往得兩個人合穿一件外套，受風寒也很難看病，文化語言的障礙，使得漁工成為台灣最受壓迫的勞工。

說著說著，我看到淇華老師眼角的淚光。演講結束後，他上台呼籲同學們：「我們今天就來採取行動，為漁工做一件事吧！」

之後，從淇華老師的臉書上，我發現學生們不只從家裡衣櫃挖出爸爸少穿的外套，還有人捐出自己的零用錢，買了全新的保暖衣、暖暖包送給漁工。學生們齊力收集了幾十件冬衣，淇華老師覺得不夠，他重新以熱血、具有影響力的文字包裝議題，貼上自己的臉書，標題是：「自己暖和了，也要讓漁工不冷」！

結果那篇臉書貼文引起瘋狂轉載，短短幾天內，高達一千五百次分享、募到了二萬多件冬衣，甚至因為驚人的影響力而受到部分人士質疑，懷疑他的動機與冬衣去處，所幸宜蘭縣漁工工會祕書長李麗華出面確認，漁工工會真的有收到冬衣。當時，麗華姊被如土石流般寄來的包裹給嚇壞了，六十幾箱冬衣幾乎塞爆了辦公室，她整天接電話接到手軟。

一則臉書貼文，讓整個南方澳的幾千名漁工都有了保暖的冬衣，甚至還多到可以分送給澎湖、東港的漁工。而這一切都來自即知即行的淇華老師，他以臉書為槓桿，把社群媒體的力量發揮到極致，於是，那一年的台灣漁港特別溫暖。

一推薦序一

從此揮別錯過，迎向把握

新北市丹鳳高中教師／暢銷作家　歐陽立中

青春，最怕的是你滿懷夢想，卻不知道腳該踏向何處。最後像隻無頭蒼蠅，轉啊轉啊：成績普普、社團普普、能力普普，就差沒改名叫普普。直到面對大學升學，明明是一展抱負的機會，但你對著自傳發呆、對著讀書計畫嘆息，最後對著評審委員語無倫次。

這是你想要的青春嗎？如果你的答案是：「絕對不是！」那我會為你豎起大拇指，肯定你的覺悟；然後，再為你遞上一本書，是蔡淇華主任所寫的

《青春微素養》，除了勇氣，你更需要「引路人」！

我沒看過比淇華更強大的人生嚮導。他給你「工具」，讓你寫好備審、參與人生；他傳你「方法」，讓你成為自己、打造品牌；他燃你「動力」，讓你壯志凌雲、起身逐光；他教你「態度」，讓你把握機會、人品稱王。就像淇華說的：「這世界的準則是：『錯過，就錯過了。』」翻開這本書，你從此揮別錯過，迎向把握！

其他好評

青少年的生命導師蔡淇華主任，從工具、方法、動力、態度四個面向，透過三十六個有效心法，不只教你邁向卓越人生，也讓你從失敗中學習堅毅，找到由內而外的真素養。淇華讓我們有系統、有策略的為自己打造潮品牌，讓生活不只有想法，也能找出好辦法。

想成為十項全能的跨域人才？擁有蔡淇華主任的《青春微素養》，會是自主學習時代最理想的致勝經典。

——新北市丹鳳高中圖書館主任／作家 宋怡慧

《青春微素養》是一本無論是孩子還是大人，都一定要看的書。「一定要」是因為，在這本書裡，淇華老師為每一個孩子，擬定了實現夢想的戰略及戰術，實用又精準。而大人們的青春，淇華老師雖來不及參與，但不遲，閱讀《青春微素養》，讓我們也有機會、有方法陪伴孩子實踐理想。你的我的，夢想，加裝《青春微素養》的螺旋槳，準備啟航囉！

——高雄中學教官／學思達核心教師 **胡中中**

素養不會憑空出現，而是要你一步一步去完成的。淇華這本書就是要你當一個真正的人。

——雲林縣立樟湖生態國民中小學校長 **陳清圳**

不管身處什麼樣的年代，有能力開創專屬於自己未來的人，他們的眼神總因內心懷著「希望」而閃閃發亮；每當閱讀淇華老師的作品時，我心裡的希望之光也總是被愈點愈亮。《青春微素養》也有這樣的魔力，我看了不禁點頭稱是：關於青春，我們可以為自己做的事，幾乎都被淇華老師既浪漫又幽默的，具體寫在這文字裡頭了。

——心理師／國立台北藝術大學副教授 **許皓宜**

認識淇華老師，緣自他帶領一群高中生所發起的「聖食計畫」，將校園中過剩的營養午餐，分享給街友。當時我在公視擔任新聞總編輯的青少年節目《青春發言人》，針對惠文高中的聖食計畫做了一則專題報導。這則報導播出之後，旋即引發熱烈迴響，短時間內就吸引了兩百多萬網友觀看、觸及近五百萬人。大眾除了感動學生們的善行，也敬佩和好奇：淇華老師如何引導學生思考、激勵人心，進而展開行動、參與社會？在這本《青春微素養》中，淇華老師不藏私的公開了他三十多年來，孜孜不倦在教育第一線努力，而淬鍊出的三十六個心法。教育，應該要讓每個孩子的天賦自由，幫助他們展翅飛翔，該怎麼做，淇華老師的這本書裡有最好的示範。

——華視新聞部經理／華視新聞雜誌主持人／台大新聞所兼任助理教授 **黃兆徽**

當全國親師生害怕一〇八核心素養、自主學習，以及占入學成績五〇％的學習歷程時，上帝說：「讓《青春微素養》降世吧！」

——台中市龍津高中教師／Super 教師 **曾明騰**

從自傳到讀書計畫，從社團經驗到面試攻略，淇華老師幫青春孩子一手打造色香味俱全、評審能入口即化的甄試大套餐。儘管光是擺盤技巧、精純醬汁的伴佐，即足以讓人食指大動，但讀畢此書，才能真正體會淇華老師的用心良苦、深厚功力，從寫作力到論述力，從企劃力到執行力，從媒體素養到社會參與，從職業試探到終身志業，從自我探索到終身學習，淇華老師方方面面引著年輕學子把自己獨具的滋味提煉熬煮出來，精釀成引人入勝、無可取代的自我品牌。

——親子作家 **彭菊仙**

一個又一個的精采案例，讓大家看到在體制內的高中生，是如何踏實的做出讓人讚嘆的學習成果，也開啟他們的大學之路。淇華老師這本書，出版的正是時候；讓大家看到素養導向的教育，是可行且對學生有極大的啟發。

這本好書能幫助更多師生家長，面對一〇八，不再心慌！

——無界塾創辦人／台大教授 **葉丙成**

我喜歡淇華說的：「素養是系統動力學。」這是一本為孩子盤點自身素養的筆記書，值得推薦給您。

——台北市立復興高中校長 **劉桂光**

素養是最好的預言
——為每個孩子打造「祕密作戰計畫」

「我記得那是一個陽光普照的下午，蔡淇華老師在紙上塗塗寫寫，好像在寫祕密作戰計畫一樣。老師要我慢慢接受自己的與眾不同，他說：『你要開始寫作，用你的生命去感動人。』」

看到芳如在教育部的 EDU TALK 演講影片，回憶將我拉回到六年前。

初見的那天，芳如一口氣說出自己的病痛、升學困境、專長與理想。聽完後，我在白紙上開列她學習的進程：「educate（教育）這個字拆開，就是要『拉』與『出』（e 是出，duc 是拉）。每個學生只要成為主動學習者，拉出自己獨特的一面，都會成功。你勇於採訪，剛好踩在時代自學的浪頭，都造就你在這個世界的獨特性。」看見芳如眼中慢慢有光，我說得更有自信：「你是台灣前幾批參加實驗教育的學生，如果在大學研究實驗教育，很少人可以超越你。你可以讀到博士，最後參與國家的教育政策。」

那時，高一的芳如好像在聽天方夜譚，眼睛睜得好大，但是我不知哪來的自信，繼續寫「祕密作戰計畫」：「相信我，因為世界的缺口，就是成功的出口。」

「缺口？出口？」芳如有點不置可否。

「台灣現在教育百花齊放，教育三法一通過，不同實驗教育與入學管道的學生，都需要長期去追蹤，才能知道教改是對還是錯。而這又是你的興趣。想想，這個世界就是 supply and demand（供需法則），這麼大的需求，是機會，剛好又是你的興趣，任何人用這邏輯去構建學涯、職涯與生涯，怎麼可能不成功？」

兩年後，芳如真的靠她累積的「學習歷程」，成為清華大學拾穗計畫的狀元。六年後的今天，芳如已經是大三生，她寄來最近忙碌的「教育部因材網實驗教育計畫」，由她擔任專案統籌，甚至兼任「保障教育選擇權聯盟青年部主任」。芳如真的繼續填補世界的缺口，繼續成為世界需要的人，許多教授賞識她，開始建議她直攻博士。

最近見面，兩人對坐，但覺白雲蒼狗，當年的預言，都一一成真了。

「芳如，你有沒有覺得自己很『一〇八』？」我向她說出一句自覺有意思的話。

「很『一〇八』？呵呵，怎麼說？」

「一〇八課綱總綱以『生活情境』為圓周，以『終身學習』為圓心，以『自主行動』、『溝通互動』、『社會參與』等三個構面為核心素養。這些不都是你一直在做的嗎？」

「老師，我覺得你更『一〇八』！」芳如笑著說：「老師帶七個社團做『自主行動』，帶寫作和模擬聯合國做『溝通互動』，二十多年來在『生活情境』中做『社會參與』，從無間斷。所以，你比我更『一〇八』！而且，你應該將這些經驗寫下來。」

這兩年，我真的慢慢的寫：那太平的野火、一中街的煙塵、楊逵文學花園的紅玫瑰、送冬衣到南方澳的溫熱、聖食計畫的飯香……好多的故事，都遍布在這本書的字裡行間。

更多是曾經共時共感的學生，一一回來與我照眼，他們都到每篇文章中等你，很熱切的想跟你說：「我們都需要一個陽光普照的下午，一張屬於自己的『祕密作戰計畫』，讓素養，成為最好的預言！」

第一章

工具

面對新的教育與升學制度，
提出面試、撰寫自傳與讀書計畫的心法；
強化自己，打造別人沒有的能力，
從做中學開始！

掌握自傳十大要件，讓對方感受「我就是你要的人！」

若自傳還是：

「我來自一個小康家庭，家裡有……。」

恐怕已經輸掉關鍵的開始而不自知。

每年學測結束後，高三生就要展開申請大學備審資料的工作。在一千字左右的篇幅中，若想讓教授們認識你、留下印象，甚至願意給你高分，進入理想的大學，你需要知道以下十個讓自傳與眾不同的祕密。

一、具體的細節

一位學生拿到了鴻海教育基金會的十萬獎學金，我們看看他的範例：「念的是機械，因此打工我選擇相關的『巴士修理』，這可以結合理論與實務，而且我發現『修巴士』和『修飛機』的原理很類似，因此，我決定日後成為一位飛機修護員。但因為飛機修護單都是英文，我也要努力學習英文。」

因為內容有細節組成的邏輯，我和同組評審都決定選這一位。他的學業平均只有八十分，另外三位競爭者雖然平均九十五分以上，但是因為自傳「缺乏具體的細節」，所以成為遺珠，他們的表達典型如下：「在學校我努力學習各種課程，課餘我會打工。我希望念好商科的各種專業，未來成為商場上的生力軍。」

評審讀到這種自我介紹時，感覺好像是霧裡看花，並且會在心裡思忖：「各種課程」是哪一種課程？「打工」是打哪一種工？「商場」又是哪一種專業領域？

可以發現，名詞沒有縮小範圍（narrow down）的過程，具體細節出不來，表達的效能因此大打折扣。

二、量化，更有感

基金會的主管也分享相同的經驗談：「申請『科技獎學金』的台灣學生，寫出的研究計畫常有『語焉不詳』的問題，我們必須很辛苦去猜測他們的意思。但是國外被訓練過的台生就不一樣了，他們會說出研究產生『多少』效能、可以造福『多少』人，以及後續的應用領域『數量』等。他們的量化，讓我們更有感。」

三、找到對方需要的聯結

其實寫任何的自傳，表達的重點只有一個：我是你要的人！而方法就是

「找到對方需要的聯結」。例如要申請急難救助獎學金，就要說出自己正面臨的急難；若是特殊選才，就要凸顯自己有多特殊；若是文學系，當然有作品者優先勝出；若是資工系，要提供程式能力的證明。

曾聽一位資工系教授分享：「程式寫得好的人，常是一些宅男性格的人，因為他必須非常專注，才能抓出 Bug（程式漏洞）。因此，內向的性格，念資工反而加分。」

許多人在自傳中詳細介紹家庭背景，卻沒有提供對方需要的訊息，非常可惜。總之，整篇自傳中，不管是個性、修課、自主學習、社團經驗或閱讀檔案，都要扣緊評審想要的聯結，去證明「我就是你要的人」！

四、嵌入小標，重點分段

「為何每個人都寫成一坨？」

「為何每段都那麼長？好難找重點哦！」

在審查會上，每個評審常發出一樣的嘆息。

其實表達的準則就是「受眾思考」，要方便閱讀。所以記得，十五個字以上就要標點；超過五行，就可以分成一段。還要重點分段，像這篇文章一樣，嵌入小標，方便快速擷取訊息。

五、最吸引人的，放最前面

要在堆疊如山的資料中，選出想要的人選，第一印象非常重要。所以寫完一份自傳後，記得挑出其中最亮眼的部分，放最前面。

例如一位學生在自傳中，以「起承轉合」的方式，介紹自己的家庭、求學、打工經驗。我在最後讀到一段：「在札幌海產季特賣會中，我曾四天達到日幣一百二十萬的銷售額。」

這段很亮眼，於是我建議他放在前面，改成「累了，喉嚨也沙啞了，但我仍繼續微笑，繼續吶喊，在札幌海產季特賣會中，終於達到四天日幣一百二十萬的銷售額。」

這段有量化，有對比張力，快速凸顯求職者的人格特質，很引人注目，符合行銷學的ＡＩＤＡ寫法：先勾起注意（Attention），再引發興趣（Interest），讓受眾有欲望（Desire）繼續閱聽，最後引發行動（Action）。

六、做過功課，證明你多想要

申請一個校系，一定要對其歷史、師資、課程，甚至企業實習做過功課，並且與你的修課計畫做結合，這會讓你快速「跳出來」！當然，申請進入一家公司，也要對他們的市場區隔、未來展望，仔細研究一番。

那天一位評審會分享：「其實我的評審標準只有一個，讓我看到你的用心，證明『你很想要』。」

七、試試可以「跳出來」的設計

「我真的不排斥有創意的自傳，像是畫個圖，弄個表格之類的。」一位評審提出他的意見：「像這次申請，沒有立框架，申請人如果可以發揮巧思，不只使用千篇一律的文字，更容易跳出來！」

就像一位想當廣告文案的學生，原本用傳統的散文書寫，結果半年投了二十份自傳履歷，只獲得兩次面試機會，但都未被錄取。我請他轉化成六張海報後，投了兩家公司，就順利獲得錄取。

八、注意篇幅

今日的時代美學是「由簡馭繁」。

矽谷要求的履歷表，已從一頁半縮到一頁，日本的公司大多只要求半頁。申請美國大學的線上自傳大多要求五百至六百五十字。所以一定要言簡意賅、切入重點、給具體資料，刪除所有不能承載意義的冗詞贅字。

九、創新的切入點

好的切入點可以證明申請人有創新洞見（insight），這對今日多樣性（diversity）的錄取標準而言，非常加分。

例如二〇一六年，美國德拉瓦州高中生史婷生（Brittany Stinson），在大學申請論文中，將好市多超市購物比喻為對生命的探索，結果獲得六所美國最頂尖大學錄取。

又例如學生鼎鈞喜歡摺紙，他說摺紙有高深的數學幾何原理，安全氣囊及太空登陸艙都必須使用。結果他申請MIT時，展現了摺紙及油畫的才藝，符合MIT培育具有「STEAM」[1]特質的學生，最後獲得錄取。

---

1 作者注：STEAM代表科學、科技、工程、藝術、數學五大領域。

十、過程勝過結果

學生漢均錄取世界排名第一的英國中央聖馬汀設計學院後，分享自己的經驗：「面試官不斷問我構思作品、解決問題的過程，他說這些比我得過什麼獎還重要。」

在這個大小比賽令人眼花撩亂的時代，一張獎狀有時很難證明你的能力，但具體的「構思作品、解決問題的過程」，卻可以真實呈現你的素養。許多面試官會針對自傳內容來發問，如果自傳吹了牛，在一問一答的過程中就會馬上破功。所以，自傳只需要留下自己最熟悉、最擅長的部分，為面試題留下線索！

寫自傳的過程，也是最好回顧自己人生的時刻，預祝各位學生透過真實和精采的自傳，都能遇到可以讓自己發揮所長的伯樂。

「讀書計畫」是栽培自己的夢想藍圖——寫好「讀書計畫」的七項要素

夢想只要能持久，
就能成為現實。
當夢想成為現實，
我們不就活在夢想之中嗎？
——丁尼生

英國桂冠詩人丁尼生（Alfred Tennyson）曾說：「夢想只要能持久，就能成為現實。」然而每個人最缺乏的，就是通往夢想的地圖。在申請入學時，學生需要附上這張地圖，我們稱之為「讀書計畫」。

「讀書計畫」可分為「申請動機」、「學習計畫」兩部分，內容可包含未來的修習課程、社團參與、課外閱讀、語言培養、證照考取、出國交換，甚至實習就業等。至於如何撰寫「讀書計畫」？茲提供七項建議做為參考。

一、想解決的「問題」是最棒的「申請動機」

戴爾公司的未來研究中心估計，在二〇三〇年，有高達八五％的工作，今天並不存在。學生若以「已知的工作」為目標，有可能到了未來，這份工作已被ＡＩ或新的系統取代。

如同美國史丹佛大學在二〇一四年提出的「史丹佛二〇二五」想像藍圖，史丹佛大學期待學生不再拘泥於某一科系，而是「想解決世界上某一『問題』，因此計劃修習某些課程」。若學生可以用「問題導向」當做申請動機，以此來整合即將學習的「核心能力」，一定可以從一堆平凡的讀書計畫之中跳出來。

根據經濟部智慧財產局二〇一八年統計，台灣企業每年需花費千億台幣支付智財權使用費，其中對美智財支出占了近八成，台灣因此成為智財赤字國。美國專利和台灣的不同點是——台灣是先申請主義，美國是先發明主義，所以台灣亟需擁有科技、法律、外語三項核心能力的人才。因此若學生申請的是科技、法律、外語等相關科系，便可加入其他兩項當選修、輔修，甚至雙主修，成為跨科的讀書計畫。

二、跟申請校系接地氣

每所大學、科系都有獨特的師資、課程、社團、交換學生與姊妹校，申請學生應該事先搜尋，該所大學有什麼設備、專長與校系資源，然後去做大學四年，甚至碩、博士的規畫。

例如國立台灣師範大學與四十三個國家的三百六十五所大學簽訂姊妹校，並與四十三所大學進行雙聯學位計畫（Dual Degree Program）；國立台灣大學自二〇一五年起，發展與日本筑波大學、法國波爾多大學協力組成的國際三聯碩士學位計畫。

即使是私校，也有豐沛的資源。例如逢甲大學與全美畢業生在矽谷就業人數最多的聖荷西州立大學，共同開設「商學大數據分析」與「工程雙學士學位學程」，學生大一、大二在台灣就讀，大三、大四赴美，畢業後可獲得兩校的學士學位。

不過要利用這些資源，都有條件限制，有的需要系排前二〇％，有的需要語言檢定成績證明，這些都可以放在逐年的讀書計畫中。

三、「文理交融」是完美配套

大數據（Big Data）出現後，全世界的人文科系，常需要程式素養去分析自己知識的數據。例如一位到德國讀英文研究所的學生，第一年就必須自修程式語言 Python 來分析語音資料，系上整合這些分析後，供賓士汽車的語音系統應用。許多台灣的人文社會科系，例如台大語言所、新聞所，也都教授資料分析相關的程式語言。

一位曾參加國際網博的學生，在分析資料時，自學簡單的 Python 語言，因此在申請清大計量財務金融學系的讀書計畫中，便加入「繼續學習 Python，並尋求應用機會」；另一位申請台南藝術大學的學生，則加入「學習 Ableton Live 作曲編曲軟體」。

當然，一位理工生若願意精進人文素養，一定可以成為更受歡迎的跨領域人才。兩年前我帶學生參觀矽谷思科公司，一位主管告訴我們，矽谷現在每招募四個人，就有一位是學藝術的，因為他們希望設計出來的產品有人味；一位學生錄取牙醫系後，很興奮的告訴我：「教授說他很喜歡我做模型飛機的經驗，以及日後選修油畫的讀書計畫，因為牙醫需要手巧、具美感的人才。」

四、為每個學習階段下標

「讀書計畫」的終極目標是「我想成為怎樣的人」，要成為這樣的人，就必須有時間的邏輯。這段時間必須涵蓋大學入學前、大學期間，甚至包括大學畢業後的研究所深造、企業實習、就業規劃。

我最近輔導的學生交來的讀書計畫，只是籠統劃分為「近、中、遠程目標」，我請他們下標後，變成以下分類：

近程目標（高三下到大學開學）——**增強核心能力**

中程目標（大學期間）——**跨學程及業界試探**

遠程目標（大學畢業五年內）——**國外進修及證照考取**

有標題統整，閱讀起來就變得清晰多了。

五、形式與內容需一致，可加上各式圖表

做任何的分享，效果永遠是圖勝過表，表勝過文。所以撰寫讀書計畫，千萬不要拘泥於文字，可以盡量製作各種思維導圖、漏斗圖、魚骨圖或樹狀圖，讓教授對你的夢想地圖一目了然。當然，如果你申請的科系是設計相關，那當然要用最炫的形式來與你的內容呼應。

六、多開口，四處尋找資源

一位十二月就靠特殊選才錄取大學的學生，她知道上大學前，整整有九個月的空檔，於是向我請教，要如何運用這漫長的時間。

有鑑於「成為文字工作者」是她的終極目標，我便引薦她到《中市青年》寫「青春旅棧」專欄，要完成一年半十二篇的攝影及報導。她一邊寫也必須一邊閱讀報導文學的書籍，以吸取下筆的養分。日後她若將這些報導集結，

將成為爭取下一份工作的墊腳石。

學校的老師或網路上查得到的業師，各擁有自己專長相關的人脈與資源，但如果你不開口，就無法得知這些資訊，更不可能寫出令教授眼睛一亮的計畫。

七、利用讀書計畫，活在夢想中

對每天閉鎖在教室、課外知識嚴重不足的台灣高中生而言，只要記得主動上網找資料、四處開口找資源，對於未來的學習，一定能畫出一張令教授驚豔的夢想地圖。

例如在「開放個人經驗平台（Innovation Open House，簡稱ＩＯＨ）」，就有包含十八學群、全台灣不同校系的介紹，以及該系學長姊四年生涯分享的影片。看完之後，一定能讓你的讀書計畫不再天馬行空。

最後要提醒各位同學，不管上哪一所大學，請務必在放榜後，馬上再修正自己的讀書計畫，這次不需要討好教授的花俏內容，而是真正具體可行的夢想地圖。

前面提到丁尼生說：「夢想只要能持久，就能成為現實。」其實他後面還有一句，那就是：「當夢想成為現實，我們不就活在夢想之中嗎？」

給面試考生的十項建議

當一位學生談論自己的興趣，
說到兩眼發光時，我們就知道，
他是一個對世界充滿熱情的學習者，
而他眼裡的光，日後也會變成世界的光！

上週兩位學生不約而同傳來好消息，他們不用參加學測，就靠著文學作品及面試，透過特殊選才的管道，錄取夢寐以求的國立大學。在一〇八課綱下，選才趨勢已經改變，如何在面試中脫穎而出，成了考生必須面對的課題。在此擬提十項建議，供即將參加面試的考生參考。

一、動機勝過一切，從你身上長出來的故事最動人

當被問：「你為何要選讀我們這個校系？」千萬不要回答：「因為我父母希望我做這個選擇。」就算事實如此，這樣回答只會讓面試官覺得你興趣缺缺。考生一定要試圖找到自己的「內在動機」，甚至為這動機講一個「熱血的故事」。

一位在雲林任教的好友與我分享：「我看了您寫作書的『故事力』後，建議我的學生面試時，提到自己的祖父罹患重症，卻面臨偏鄉醫療資源不足的困境，遂以『當偏鄉的史懷哲』為一生職志。學生最後在繁星後的面試拿到高分，進入醫學系就讀。」

記得我自己也曾參加兩項教育獎的遴選，總共需進行四次面試，最後都僥倖雀屏中選。事後遇見一些評審，徵詢獲獎原因，都得到類似的回答：「我們都被你的『動機』打動，沒人叫你做這些事，但你看到他人的需求，就一頭栽進去做。」所以千萬要記得，「沒人叫你做」的事，才叫動機。

二、你必須要有作品的論述能力

我曾指導一位得過兩座宏碁數位創作獎，在學測也拿到高分的學生，那時我們都認為，錄取北藝大已是囊中物，想不到最後他卻大意失荊州。

「面試搞砸了。」學生回校後懊悔說。

「怎麼可能？面試怎麼了？」我納悶的問。

「他們從我的影片衍生出一些問題，例如用了哪些技巧？哪些經典電影使用這些技巧？我根本答不出來。唉！我自學剪接軟體，自己拍，自己剪，哪裡需要知道這些專有名詞！」

我終於知道這學生鎩羽而歸的原因了，原來他缺乏的是「論述能力」。

另一位學生漢均，在錄取世界四大時裝設計學院之一——倫敦藝術大學中央聖馬汀學院後，分享自己面試的經驗：「教授要我說出創作的理念。他說作品的完整度不是最重要，他們最想知道的是，我為什麼會做這個作品？做出作品的邏輯又是什麼？」

原來「論述能力」就是「能做，也要能講」。所以同學在面試前，務必練習用最精確、最有邏輯的語言，講解自己的作品。

三、腹有詩書氣自華，沒課外閱讀的習慣會被秒殺

「自主學習」是新課綱的核心，因為只有自主學習者才能養成「終身學習」的習慣。而在知識更替迅速、舊知識很快被新知識取代的年代，只有終身學習者才不會被世界淘汰。因此在面試時，「平常都看些什麼書？」、「上哪些網站收集資料？」「對時事的看法？」就變成評審判定考生是否具備「自主學習」素養的常見題目。

一位參加國立大學商學院面試的學生，回校後用「被羞辱」來形容自己的挫敗：「老師，你應該要提醒同學們，若要參加商學院的面試，平常最好要有閱讀《天下》、《商業周刊》或關心財經新聞的習慣。」學生搖搖頭：「評審問我『東協十加三』對台灣的影響，我竟然毫無頭緒！」

四、用科系試探，證明你真的適合該科系

《親子天下》曾在二〇一九年，調查國立台灣大學近八百位大學部的學生，結果僅四成台大生表示，如果可以重來，還會讀現在的科系。因此入學管道增設面試，就是不想僅用考試分數，錄取不適合的學生。

如果面試時，每位學生都能證明「我真的適合這個科系」，一定更可能得到教授的青睞，而各種「科系試探」的經歷，都是最好的證明。

第一種試探是「作品」。二〇一九年有一名考生，以學測四十八級分的成績正取交大資工系，就是因為他曾架設 Linux 伺服器，製作「學測五選四」工具，造福全國的考生。

第二種試探是「職場打工」。例如就讀觀光餐飲前，曾到相關產業打工，備嘗該行業的辛苦後，仍然一往無悔。

第三種試探是「證照」。一張多益九〇〇分或日文N2以上的證照，會讓外語系教授知道，你已在語言天地試探多時。

五、有點自信，又不會太自信

被譽為「歐洲哈佛」的阿姆斯特丹大學，其考官上學期來訪，並向申請該校的學生 Cyndi 提點面試的技巧：「你要有點自信，但又不會太自信。」

他的指導有點禪味，我請他再深入說明。

「有自信代表自我期許高，但高中生不可能什麼都懂，被問到不懂的問題，不要過度自信、不懂裝懂。」

我自己當面試官時，也不喜歡聲音微弱、眼神閃爍、缺乏自信的面試者。以下分享四個展現自信的好方法。

第一，咬字清晰，音量適中。面試前可參加模擬面試，請第三者協助指正調整。

第二，可以注視對方的人中。這樣不會讓面試官有壓力，也能感受到你勇於目光接觸的自信。

第三，被問到不會的問題時，誠懇回答自己不懂，但日後會努力涉獵。

第四，記得問好及說謝謝。不管是個人面試、集體面試或視訊面試，剛開始時的問好與結束後的道謝，都是最基本的禮貌。而禮貌，是真正自信的展現。

Cyndi最後做到了「有點自信，又不會太自信」的要求，幸運通過阿姆斯特丹大學的口試，也爭取到獎學金補助，後來前往荷蘭就讀，繼續尋找她的自信。

六、幹部與社團經歷的核心是「解決過哪些困難」

「問題導向學習法（Problem-Based Learning，簡稱PBL）」之所以在今日成為顯學，是因為在面對問題、解決困難的過程中，可以看見學生「發覺問題」、「了解問題」、「尋找資源」、「溝通合作」、「創意發想」等綜合素養。因此，許多面試官常問：「你擔任幹部時，曾面對的最大困難是什麼？你又是如何面對呢？」

我擔任社團老師二十餘年，發現有三分之二的幹部都是「尸位素餐」，真正能扛起責任、面對問題的幹部少之又少，因此同學在分享幹部與社團經歷時，若能說出「解決困難」的歷程與細節，必能得到大加分。

七、畫自己的同心圓，「與自己相關」都可能是問題

一位報考中文系的學生，在參加面試後問我：「老師，你知道有哪些作家是鹿港人嗎？」

「知道啊！李昂三姊妹和王定國都是。」

「好可惜，我面試時答不出來。」

「為什麼會問這一題？」

「因為我自傳提到父親來自鹿港，教授就順便問了這題。」

面試官常從考生的自傳和備審資料出題，所以考生務必以自己為圓心，向外畫圓，嫻熟與自己相關的資訊。

八、斜槓是趨勢，跨界是加分

很多考生以為「只講科系相關」是面試的不二法門。事實上，這個時代最需要的是「跨界」人才，例如懂科技又懂法律的「科技法律師」、懂人文又懂程式的「資訊分析師」、懂工程又懂設計的「工業設計師」。

學生鼎鈞在參加MIT面試時，送給面試官一個摺紙藝術品，引起面試官的好奇，並因此知道他除了有數理專長外，還曾經舉辦過個人油畫展，符合MIT尋找「STEAM」長才的目標，鼎鈞因此獲得錄取，也拿到理想的獎學金。

所以面試時，別只打安全牌，讓面試官知道你未來可能成為「喜歡寫作的醫師」、「會創作搖滾樂的工程師」、「研究歷史的廚師」，你的面試表現將更令人驚豔。

九、面試是一場太短的戲，或許你能提供「加長版」

二十年前我曾面試一位年輕人：「因為你在私校的風評很好，若你願意接下某某班，並且至少服務兩年，我可以考慮提高你的面試分數。」

「沒問題，只要我能被錄取，這些都沒問題。」他的回答讓我很安心，最後因面試拿到高分，得以錄取。然而，一年後他就到處報考，希望離開這所非都會的公立學校。是的，我被騙了，並從此對面試的效度有很大的質疑。

很多業界的人資長會感嘆：「面試就是演一場戲，我們很難在短時間去真的認識一個人。」這就是為什麼愈來愈多的大企業，會加重實習生選才的比例，因為用幾個月去了解一個人，會更加客觀。

現在許多大學會辦理寒暑期營隊，這也是一種招生的管道，甚至許多面試官就是營隊的講師。當然，如果你在中學階段已開始發表作品，甚至寫專欄，面試官將擁有更多認識你的管道。

三年前我曾指導一位學生，透過「拾穗計畫」錄取清華大學，就是因為她在甄試前已有許多作品公開發表。面試前，教授已對她有深入的了解。

所以請記得，在面試之前，你已經可以參加各種「加長版」的面試，讓面試官提早認識你。

十、說出你對世界的提案

美國史丹佛大學提出「史丹佛二〇二五」想像藍圖，就是期待新世代的學生不再拘泥於某一科系，而是「想解決世界上某一問題，因此修習那些課程」。而「道路坑洞問題」一直是學生Tina的最大關懷。

今年有四位學生，申請名列世界百大的英國雪菲爾大學，結果均獲得錄取，但神奇的是，雅思分數最低的Tina竟拿到最高額的獎學金。

回校後，Tina兩眼發光的與我分享：「主考官要我說出『對世界的提案』，我當然提出自己長久關心的『道路坑洞問題』，說明它可能造成的人員傷亡及車輛損傷，並提出改善的辦法。這時主考官突然變得很激動，開始

『兩眼發光』的跟我談起他英國家鄉的道路坑洞問題。」

這幾年我詢問許多教授，在面試時，他們最想看到哪一種學生？八成教授竟然都給出相同的答案，那就是想要找到「兩眼發光的學生」。

當一位學生談論自己的興趣，說到兩眼發光時，我們就知道，他是一個對世界充滿熱情的學習者，而他眼裡的光，日後也會變成世界的光！

企劃就是「殺面積」——在有限生命中，殺下無限江山

一個完整的活動企畫有兩大部分，
可以用5W1H來包括，
分別是『活動目的』why與『活動説明』when、where、who、what、how。

「老師，我們計劃下週二外拍，要向你請公假。」
「等等，封扉人物甄選結果出來了嗎？」我臉色有點凝重。
「出來了！也公告了。」學生很興奮，感覺自己完成了一件大事。
一個月前，我請學生優化上一屆「封扉人物甄選企畫」的SOP，寫出了

公告、跑班、報名、試鏡、票選、寄老師轉教官室審查等流程。

「等等，你是不是少了一個流程？」

「對哦！對不起，我漏掉了。複選結果忘了寄老師轉教官室！」

「你知道嗎？有一次，我們選了一個被記兩小過，而且曠課、抽菸樣樣來的封面人物。結果他們導師氣炸了，從此反對校刊！她的導師班訂購量永遠掛零。我們校刊是自由訂購制，只要訂購量不足，就會停刊。」

「老師，抱歉，那該怎麼辦？」

「我會馬上處理，記得四點放學之後過來找我，我們再一起跑一次『拍攝企畫』。」

感謝生輔組長的幫忙，在兩個小時內就傳來獎懲紀錄。這些學生幾乎都是有功無過，只有一位記了兩支警告。我趕快找到他的導師討論，在導師不反對的原則下，拍攝名單通過。

活動企畫的兩大部分：目的與說明

放學後，如同作戰前的氛圍，拍攝小組三人聚在我的辦公室。

「來，我們先看『封扉拍攝企畫』。」

組長拿出筆記本，裡頭只有草草幾行鉛筆字。

「這不行啦！形式和內容都不行。先講形式，一定要書面化、電子化、雲端化、確認化，讓所有參與的人都可以閱讀、討論、修改及確認。如果不打成電子檔，這些都做不到啊！」

這時，另一位社員拿出手機：「老師，我用手機打可以嗎？」

「可以，來，開始記，一個完整的活動企畫有兩大部分，可以用5W1H來包括，分別是『活動目的』why與『活動說明』when、where、who、what、how，你們先回答一下，這個企畫的『活動目的』是什麼？」

「不就是拍封面跟扉頁的相片嗎？」

「是的，但應該更細，你們記得有一次重拍嗎？」

「記得，那次好像直式的照片不足。」
「是啊！封面一定要直式，但那次拍的照片，幾乎都是橫式。所以在拍攝前，一定要跟文編、美編討論好，問他們要幾張直式？幾張橫式？主題是什麼？要什麼風格？例如這次主題是『分號計畫』，講的是中學生的憂鬱情緒，所以在『活動目的』可以寫：『因應第四十五期校刊「分號計畫」，以憂鬱為風格，拍出直式與橫式的封扉照片各四張。』」
「所以需要的總共八張，那大概要拍幾個景？」
「至少要一．五倍的景，這些要寫在『活動說明』中。」
「老師，關於這次企畫的『活動說明』，可不可以提示一些細節？」
「當然，要先寫上 when ——時間流程圖、where ——地點、who ——人力職務分工表、what ——服裝道具清單，還有 how ——交通方式、經費概算、公假申請、效益評估，甚至細到髮型妝容與當日保險，都可以寫在備注裡。」
「哇！好細！」

SOP
FLOW CHART
WHY
WHO
WHERE
WHAT
HOW

「不，這還不夠細。不同的職場，會有不同的細節，例如這次的主軸是拍照，請問你們，拍照最大的風險是什麼？」

「光線不足、下雨。」一位組員回答。

「很好，所以我們要有室內拍照的雨天備案。還有呢？。」

「我高一時曾經跟拍，那天忘了帶反光板，到現場才發現背景太亂。還有，和封扉人物溝通不足，結果封扉人物做錯表情、穿錯衣服，和背景無法撞色……哇！我好強哦，想到好多！」另一位學生興奮的補充。

「太棒了！總之你們要記得，企劃就是『殺面積』——沙盤推演、面面俱到、集思廣益。要像這次台灣的防疫中心一樣，沙盤推演所有可能的防疫缺口，做最壞的打算，再做最好的準備；然後從人、時、地、物、法，面面俱到去因應；最後，一定要集思廣益，讓所有的專家、資訊、舊經驗都進來，才能找出思考的盲點。這樣做，就如《孫子兵法》所說的：『勿恃敵之不來，恃吾有以待之。』才能夠殺下成功的面積。」

符合業界水準的企畫書

拍攝小組真的把我的話聽進去，週六找了美術老師，討論畫面與道具，並且勘景、測光，還寫下詳盡的企畫書，畫了圖示，所以週二的拍攝前所未有的順利。下面是他們企畫中的兩則圖示說明：

• 圖一：

○道具：藥丸

○人物：女生為佳

○場景：乾淨的地板

○地點：某某學姊家

○動作：趴在地板，五指張開向前，（掙扎著）想要拿到「解藥」

○位置：「灰色」扉頁

○意義：匍匐掙扎著，即使是掙扎（灰色），也只會是「向前」掙扎，為「白色」（走出來）做一個鋪陳

●圖二：

◯道具：紙片（較唯美，取代面具）

◯人物：紀某某

◯場景：特寫，需要乾淨牆面

◯地點：學校

◯動作：拿著事先印好學姊的笑容照片（從鼻翼以下撕成學姊的臉形），遮住嘴巴（眼神憂鬱，人物為彩色，紙片為黑白）

◯位置：封面

◯意義一：分號（撕裂＝轉折），以憂鬱的眼神和紙片上的笑容做對比

◯意義二：黑白照笑容＝「曾經」燦爛的笑容，因為憂鬱症不是天生的，也暗指憂鬱症患者是「有希望的」

◯補充：人像也可以是黑白，紙片是彩色，再與主任討論

拍攝工作完成後，我忍不住寄訊息給學生：「你們這個企畫概念純粹，而且完成度很高，已經是業界的水準。你們真是超有潛力啊！」

學生很有智慧的回答：「有壓力，潛力才能變成能力，呵呵！」

哈，沒問題的，我一定會繼續給他們各種壓力，和台灣的年輕世代一起「殺面積」，一同在有限的生命中，殺下無限江山的面積！

「會議素養」是未來領袖的真素養！——主持會議的十大決殺技巧

「會議素養」是讓我們習得「溝通」與「互動」、「負責」與「當責」、「領導」與「管理」的領導真素養！

記得十幾年前曾參加一場跨校會議，主持人是一位高中校長。本來以為那又是一場會而不議、議而不決、決而不行、行而不果的無效會議，孰知會議三十分鐘內即結束，而且通過議案後，主席馬上做好分工，讓與會者心悅誠服接下會議指派的工作。

「明快！」會議結束後，我忍不住跟鄰座夥伴發出心中的讚嘆：「這是我看過最厲害的會議主席。他以後若接下更高的位置，我一定不會驚訝。」

能力是最好的預言。這位校長日後果真屢受重用，擔任過兩個直轄市副市長，以及文化部政務次長的重職。

那次會議後，我開始觀察不同會議主席的主持技巧，並且思考如何應用。日後在一次社團危機後，終於可以整理出來應急。

掌握十法則，開會有效率

三年前，學校規定午睡時間不能使用後，我所指導的社團都兵荒馬亂，每個社長都傳來訊息詢問：「老師，怎麼辦？以後沒時間開會，社務會不會停擺？」

「不會停擺，解決一個問題有一百種方法，我們一起找方法。」我很樂觀的回答。

和幾位社長討論後，我們決定中午開「午餐會報」，即是讓所有社員打完餐後，利用午睡前二十分鐘的時間，到圖書館的小會議室開會。

然而，以前開會四十分鐘，時間還常常不夠用；現在若要二十分鐘開完，就必須融入主持會議的「決殺技巧」，形成開會十大法則：

1. 開會前必須擬定討論題綱。討論題綱要在三天前先貼到群組，供所有社員事先閱讀及發想。

2. 群組先討論議題，會議時間做最後定案。

3. 開會前先宣讀上次決議，以及檢討進度。

4. 意見一致時，立即終止討論，迅速進入下一議題。

5. 意見大同小異時，盡量求同存異，結束討論。

6. 當討論陷入僵局時，主席必須裁示「日後再議」；偏離議題時，應及時拉回。

7. 主席應理性平和，不受與會人員情緒影響，也不以人廢言。

8.通過的議案，主席必須馬上指派負責人，並且確定完成時間。

9.會議紀錄必須做成書面，上傳到雲端及社團ＬＩＮＥ群組。幹部均需於五天內在群組回覆「紀錄已讀」，以示負責。會議表決事項必須遵循，反對者亦然，這是基本素養。

10.主席在會議結束之前，需扼要歸納會議結論，並且提醒被交派工作的同仁。

當大家都討厭開會的時候，就證明開會素養的重要性。誰能擁有主持會議的素養，就容易在團體中出線。所以千萬要記得，在學生時代，不要害怕接幹部或主持會議，因為「會議素養」是讓我們習得「溝通」與「互動」、「負責」與「當責」、「領導」與「管理」的領導真素養！

升學考試作文的十八種心法

已無絕對的抒情文或論說文，
連「溫暖的心」、「靜夜情懷」或「青銀共居」，
都是「夾議夾敘帶抒情」的思辨文。

作文系出散文，因考場而生，以明志為氣，取邏輯為骨，納詩質為魂。要在「散」的結構中，鋪陳富邏輯思想之美文，已變成台灣中學生的惡夢。

一〇九年學測國寫閱卷召集人、政大中文系林啟屏教授表示：「『靜夜情懷』該題易寫難工，得高分不容易。」連國中會考作文的成績也江河日下，滿級分的比例從一〇五年度四千九百七十二人（占比一．八三%），一〇六年

度兩千五百六十一人（占比一．〇五％），一直掉落到一〇八年度一千三百零四人（占比〇．六一％）。四年的統計，滿級分剩三分之一，升學考試作文已成為多數中學生難以跨越的天塹。

從這幾年大考中心釋出的國寫範文水準，我們能發現「易寫難工」四字隱藏的訊息：若缺乏方法論，平常寫得再多，在考場也很難寫得好。學生真的需要可操作的方法。

茲整理這幾年教學留下的十八種寫作心法，希望對考生有幫助。

一、「我與他人的關係」、「我與社會的關係」是主要方向

升學考試作文題目有四大類：我與我的關係、我與他人的關係、我與社會的關係、我與自然的關係。

從歷屆試題可以發現，「我與他人的關係」、「我與社會的關係」是主要方向，一定要學會「換位思考」，才能寫出有溫度的思辨。

二、都是思辨文

已無絕對的抒情文或論說文，連「溫暖的心」、「靜夜情懷」或「青銀共居」，都是「夾議夾敘帶抒情」的思辨文。

三、所有題目都是「提案式」作文

有想法還必須有做法，要學會「向世界提案」。

四、論點切忌藏到最後

散文要慢，作文要快；散文要淡，作文要濃；散文要藏，作文要白。

考場字數與時間有限，記得第一段就要開門見山講論點。

五、破題是「同時想到頭尾」

破題不是只想到頭，而是「同時想到頭尾」，才能夠前後呼應。

頭尾兩段要有「關鍵字」重複，關鍵字是立場（贊成或反對）及主題（例如「學校禁售含糖飲料」）。

六、使用「對比式破題」

主題是價值，價值是對比後的「選擇」。例如講愛，從恨開始講；講勇氣，從恐懼開始講。

對比可產生衝突，衝突產生戲劇張力，戲劇張力就是故事，寫作就是說故事。

七、個人經驗放第二段

寫作就是說故事，個人經驗就是故事。

升學考試作文主要分為兩種題型：「個人經驗講選擇」與「公共議題講選擇」。而這兩種題目都需要個人經驗。

八、四段作文最好寫

學會設計「龍頭、豬肚、蛇彎、鳳尾」的四段文章架構。

第一段「龍頭」要短，開門見山，點明主題與選擇（或立場）等關鍵字。

第二段「豬肚」最長，可摘要納入「題幹內容」、「個人經驗」、「事實及量化數據」來支撐論點。

第三段「蛇彎」不長，是對第二段的反向思辨。

第四段「鳳尾」要短，關鍵字需重複，與第一段首尾呼應。

九、正反論點要有比例原則

以新加坡教育局與牛津大學合作的申論題評分標準為例，至少需要三個論點：兩個支撐論點可放第二段，一個反方論點放第三段。

例如主題若是支持「青銀共居」，必須提出至少兩個支撐論點（例如解決青年購屋困難、獨居老人缺乏照料問題），以及一個反方論點（例如生活習慣不同）。而這些論點，在閱讀題目時要注意，因為題幹裡面就有！

十、第三、四段可以用「雖然／但是／所以」當結論

承接前兩段的論述來做出結論，舉例來說：

雖然生活習慣的不同，一定會造成青銀不同世代的生活不便，但是因為「青銀共居」可以解決青年購屋困難、獨居老人缺乏照料的問題，所以我絕

對認同「青銀共居好家哉」的創新提案。

十一、細節愈獨特，分數愈高

一樣是論點，愈細節、獨特則愈動人，得分也會更高。例如「老人缺乏照料」是一個籠統的點，如果可以有具體的細節，則讀來會更動人，也更能說服讀者，例如：

同樓的鄰居王老先生，在兒女出國後獨居在家，卻因為患有心臟病，若心臟病發時無人在旁，將造成無法彌補的遺憾。然而，當王老先生將兒女的空房，用市價三分之一的價格租給大學生後，他身旁有了照料，也不再鬱鬱寡歡。

十二、意象前後呼應

文章從哪裡開始，就該從哪裡結束。

下面以各主題為例。

青銀共居：第一段說青銀在代溝上搭橋，在最後一段說，青銀兩代要攜手過橋。

溫暖的心：第一段說冷漠的時代需要溫暖，在最後一段說，我們都需要成為有溫度的暖陽。

我們這個世代：第一段說科技是我們這個時代的翅膀，在最後一段說，我們都需要裝上這個翅膀，幫助自己的國家成為科技大國。

十三、準備可用資料進入考場

連大考中心選出的範文，都有「文句不順」、「支撐鬆散」等大問題，何況是其他沒被選上的文章？可見考場即席發揮，很難寫出好文，所以考生一定要有「發表式閱讀」的習慣，並建立自己的「一三五七九寫作檔案」（詳見如下），為進考場做準備。

一三五七九寫作檔案

一個獨特生命	我的獨特性：
三個有衝突的生命故事	最大的挫折： 最大的學習： 最大的挑戰：
五個科學意象系統	1. 2. 3. 4. 5.

七本書或電影的佳句留存	1. 2. 3. 4. 5. 6. 7.
九個量化數據留存	1. 2. 3. 4. 5. 6. 7. 8. 9.
向世界提案	我希望這個世界有什麼改變？ 我要如何努力讓這個改變發生？

十四、批判性思考，增進「思辨力」

平常我們會接觸大量資訊，但不要馬上相信買單，例如遇到「多喝水就能預防新冠肺炎」、「背公式，數學一定學不好」、「學校若不管制手機，學生成績一定會退步」等訊息，要「在不疑處有疑」，透過收集資料，尋找不一樣的資訊試著反駁，這樣就能增進思辨能力。因為學測國寫第一題，考的就是思辨能力。

十五、閱讀要發表，強化「理解力」

胡適說：「發表是吸收的利器。」閱讀文章或書籍後，要在二十四小時內講給別人聽，這種發表式的閱讀，是訓練統整、歸納，並檢視用字是否精簡，以及留存寫作素材的好方法。

十六、勇敢說意見，精進「邏輯力」

一個平常沒意見的人，在考場也不可能有完整的論述能力。可以從在社團表達意見做起，透過討論公共事務，並試著站在對立面思考，練習溝通的邏輯力。

十七、意象式思考，習得「類比力」

阿基米德曾誇口說：「給我一個支點，我就能舉起全世界。」寫作時可以類比為：「阿基米德曾誇口說：『給我一個支點，我就能舉起全世界。』而溫暖的心/知識/科技，就是我們舉起這個世界的支點。」

當我們用科學現象來類比主題時，會產生畫面和信服感。好的書寫是理情交融，說理用事實與數據，抒情用意象語言。「意象」語言就是用科學「現象」的類比來抒發「情意」，用科學（B）講人學（A），就是文學。

十八、生活留經驗，內化「選擇力」

很多學生寫不長，是因為不知道有哪些生命經驗可書寫。

記得，考前要整理自己過去「做選擇」的生活經驗，因為所有文章的主題，都是「選擇」。

社會參與的十五項攻略

要在這個世界生存，我們需要實戰的「能力」，
而不只是「學歷」。年輕時，不要怕用「社會參與」做大夢，
因為那可能正是你學習與改變世界的起點！

——楊德恩

一〇八課綱核心素養，強調學習不限於學科，而應關注學習與生活的結合，因此「社會參與」成為今日顯學。

「社會參與」是一個「在真實生活情境中，將知識做出來」的有感學習。而且在「社會參與」中，一定可以內化「自主行動」與「溝通互動」的素養。

本文是我自一九九九年開始，與學生從事社會參與的心得整理，以實例說明學生做社會參與的十五項攻略。

一、身邊有最好的議題

做「社會參與」，要先理解「社會」兩字。班級、社團、學校，是小型的社會；社區、城市，是中型的社會；國家、國際，是大型的社會。以這幾年的作文題目為例，「學校禁售含糖飲料」、「學校辦理活動與社區結合」、「青銀共居」，都是社會參與的題目。因此若認真搜羅，將發現學校與社區充滿許多好議題。

二○○二年初，我來到現在服務的學校，而鄰近街口發生了學生因閃躲併排停車，不幸遭輾斃的事故。學生皆有義憤，卻不知道能做什麼。我和學生討論後，決定向交通局借交通背心，印了一千份勸導單，帶二十五位學生，在三個路口併排車輛的擋風玻璃上，夾放勸導單：「併排停車／危害騎士及行人／可恥！」

彰化市南郭國小資優班師生，也長期「認養」社區裡的「南郭郡守官舍群」。此處從一九二〇年開始，便是縣政府高等官員宿舍。然而，過去這樣的老建築因為時代變遷，多以拆除收尾。

有鑑於建築物是時代的見證者，城市裡的閒置空間如果獲得妥善的運用，既能使城市再生，又能讓歷史文化續存。因此，南郭國小將「保存、活化、再利用」的概念納入課程，與市府、彰師大美術系、在地藝術家，一同將老建築活化再利用，減少崩壞、拆除等憾事。

社區除了建築，還有社區的生態與居民，都可以結合學校的能量，讓社區長得更好。

雲林古坑鄉樟湖生態國民中小學的校長陳清圳，以「同心圓」的課程規劃方式，安排了「四季課程」：他們在春天進行「原鄉踏查」，用圖書影像記錄社區與家鄉；夏天則進行自主服務旅行，淨山淨灘、社區蹲點、關懷老人；到了涼爽的秋天，師生一同登山；冬天，則要透過單車走讀台灣。

樟湖的沈政傑主任表示，只談生態，是純自然，偏重的還是學科知識。樟湖的孩子必須認識生長的土地，以及土地上的人、事、物，要了解在生活的環境底下，人與自然間的共存之道。他進一步強調，所謂「生態」不只是自然物種，還包括人，畢竟人影響環境的變化。他希望透過不同的社會參與，讓學生產生「公民思辨力」。

二、參與公共事務，中學生有影響力

二〇〇二年有位東海大學學生，在學校所在的台中七期，拾到一塊陶片，送交科博館鑑定後，證實是史前繩紋時代的遺物。但因為這塊地是價值數十億的抵費地，保留或開發成了市府的兩難。

我們校刊社學生馬上訪問科博館，得到共識，覺得若是保留，城市就多了涵括四千年的台灣史教材。我們發起了「高中生搶救惠來遺址」連署，我與學生也因此受邀參加公聽會。很高興，學生的意見被聽見了，在各方努力下，原本的百貨大樓興建基地，被保留為「惠來遺址公園」，這座城市也有了更深層的身世。

多年之後，我讀到當時一位學者的感言：

考古學家在時間與地方政府壓力下，必定加快腳步挖掘，以免時間到後被怪手摧毀。在這種情況下，不用一年時間，遺址現場就會空無一物，也失去「現地」保存價值，現在就只能「搶救」……在一場何傳坤博士「惠來遺址」的演講中，我發現一些年輕小朋友，後來才知道是「惠文高中」學生，是由老師帶隊來聆聽。我直覺，這搶救「惠來」火苗應該不會熄滅。果然，這幾天電子信件傳來一些標題：「搶救惠來遺址，逾萬學生連署」、「保存惠來遺址，惠文號召」。這些報導，讓我的心情飛躍起來。而「搶救惠來遺址」連署網頁這些日子都有持續成長，而且年齡層有逐漸下降趨勢，這樣很讓人感動……而我相信，青年力量的投入，搶救惠來遺址一定成功。

沒想到學生的參與，在公共政策拍板的關鍵時刻，發揮臨門一腳的功用。所以中學生不用妄自菲薄，別怕參與公共事務。社會相信善良的年輕人，年輕人有影響力！

三、要傳承接棒，不要放煙火

中學生有升學壓力，往往升上高三便「戰力全失」。因此對於想挑戰的社會參與活動，必須先盤點自己的時間資源，然後根據所需的人力、物力，寫好企畫及流程，做好分工。最重要的是，要找到一位可以堅持的指導老師，才可能將社會參與和學校課程結合。因為社會問題常是「現象問題」，是不同世代、不同風俗民情盤根錯節的問題所造成。如果中學生想用一年的時間解決，往往會成為烈士，忙到連學業都受影響。然而不堅持，事情做一半，便成了放煙火。

一九九九年，我到車籠埔斷層旁的高中任教。學校兩側的竹林常有筍葉燃燒，飄進的煙不僅會遮蔽黑板，更對學生健康戕害至鉅。我只好拿起手機撥打一一〇，但一一〇請我找清潔隊，清潔隊再請我找環保局，環保局的巡邏車來了又走，很無奈的回應：「老師，謝謝你關心環境，但這些是無名火，無主可告，下次若火勢太大，請你打消防局，你知道，我們人手不足，無法天天為貴校巡邏。」

學校的學生很願意一起社會參與，但我知道，要改善這千絲萬縷的「社會風俗」，可能需要兩年的時間。幸好高一、高二校刊社的學生都有興趣，我直覺這個課程可以實施了。

四、和公部門交朋友，學習更大

我們和筍農溝通，但均被嚴詞拒絕；只好和市公所聯繫，並利用選舉前的優勢，告知：「學校家長的票，將會投給關心學生的好市長。」市公所機要祕書開始努力協助，方知筍農皆非地主。在祕書協助下，我們得以與地主開會溝通，終於得到「上課日不燒筍葉」的承諾。

與公部門有了聯繫後，學生更有能量去關心社區的環境。我們發現九二一地震後，卡車每日載來震後的殘骸，在學校和河堤間愈堆愈高。向祕書反應後，市府派來卡車，總共出動六十七車次才全部運完。學校附近的公用地，也都一塊一塊釘上木樁，圍上鐵網，讓卡車再也無法肆無忌憚的傾倒廢棄物。

本以為學校環境就此煥然一新，沒想到還有更嚴重的環境汙染，藏在學校旁的農地。

五、聯結不同公部門，效應更大

二〇〇一年，我發現學校旁的廢棄農地，竟漂浮著藍綠色的液體。隨手撿起一塊金屬挖掘，才挖二十公分深，便挖到一個汽油桶。記得以前曾在報章讀過，處理一卡車的有毒廢水，需要六位數的成本，但隨地掩埋，只要幾千元就能打發，但代價是土地永遠被汙染。校內一位長相秀氣的女同學得了舌癌，懷疑兩者之間有關聯。我們連忙打電話給環保局，一週內便在這塊空地底下，挖出了逾二百桶的有毒工業廢水。

離開這所學校後，我將這種「環汙大坑」的惡形惡狀，告知擔任檢察官的高中同學，他結合環保局與內政部環保警察，兩年內在台中地區，就舉發了十幾個類似的汙染案。

六、必須做足夠的田野

幾年前，學生帶波士頓姊妹校來訪的國際學生逛一中街時，發現國際生無法適應身旁摩托車的廢氣，便思考是否可以將一中街變成行人徒步區，因此發起「改變一中街」的活動。當我帶著學生訪問當地攤商及市府官員後，才知道一中街是住宅區，不可能封街，因為一旦封街，便損害了居民的權益，而且也會阻礙救護車及救火車的進出。最後，學生訪問景觀系教授，想出「假日階段性封街」的提案給市府參考。

在活動結束後，學生的最大感想是：以前習慣「文青式思考」、「憤青式行為」，總認為大人就是古板，自己想法都是對的。但等到做足產官學的田野，才知道一個成熟的社會參與者，必須放棄本位思考，也必須對歷史、地理、法律的背景都清楚，才能做出周延的提案。

七、思辨資訊，才有素養

「老師，環保署研究，台中火力發電廠即使降載四〇％，對台中市PM2.5濃度改善只有一．五％。雲林縣環保局於一〇三年專案研究報告也指出，即使全縣將燃煤製程改用天然氣，PM2.5濃度改善僅為〇．七％。所以結論是，減少燃燒生煤，無法改善空汙。」閱讀到這則新聞的學生衝進我的辦公室，詢問我的意見。

為了解開這個疑惑，我請來中興大學環工系莊秉潔教授對學生演講。

莊教授拿出不同研究論文，證明燃燒天然氣所排放的 PM2.5，是燃燒生煤的九十八分之一到四百分之一。莊教授也請學生思考，行政院表示，深澳電廠所用的煤是「乾淨的煤」，排放的汙染量跟天然氣差不多，這有可能嗎？還有，為何不同教授做的深澳電廠環評，官方版的結果證明汙染小，但民間版卻是汙染大？

學生思考這些燒腦的資訊後，得到以下結論：

1. 要對所有的資訊思辨，不可輕易相信，要評估資訊的來源，因為資訊常需服務特定的立場。

2. 雖然說科學可以產生知識，但是利用不同科學方法做環評，出來的數據可能天差地遠。

3. 閱讀訊息時，要換位思考，多方收集對立面訊息後，方能產生觀點，這才是媒體素養。

學生開始在校刊社製作空汙專題，也親自跑了兩次台中火力發電廠。幾位學生還和我飛到德國漢諾威姊妹校，參訪市中心的火力發電廠，因為燃燒天然氣，真的一點味道都沒有。

回國後，學生雖然得知燃氣成本大約是燃煤的二．五倍，但還是參加了幾場「減煤」的反空汙遊行。台中火力發電廠也因應民間訴求，生煤使用量逐年下降，而且新建兩部燃氣機組，台中市二〇一九至二〇二〇年秋冬的空氣品質，也顯著改善。

或許能源問題錯綜複雜，學生很難介入。但我很高興學生願意收集各方資訊，而且開始思辨，做脈絡化思考，努力當一個不盲動的社會參與者。

八、善用社群媒體

二〇一五年十二月，前《四方報》編輯廖雲章來校，分享褚士瑩二〇一四年發起的「送冬衣到南方澳」活動，我們才知道台灣人吃到的「台灣」海鮮，其實大多是外籍漁工為我們辛苦捕獲的。這兩萬名外籍漁工，若是境外聘用，除非生病，不能上岸。而他們來自熱帶國家，遇到寒流，有時必須兩個人合穿一件，才勉強湊合著熬過冬天。學生與我先在自己學校發動募衣，但成果有限。

後來，我們決定以〈自己暖和了，也要讓漁工不冷〉為標題，寫一篇文章分享到臉書上，想不到台灣愛的能量驚人，竟然得到一千五百多次的分享。全國動起來後，成效驚人，最後漁業署林榮耀先生來信，表達兩萬件冬衣已足，連澎湖及東港的漁工也都收到了冬衣。

若是擔心自己的社群媒體分享能量不足，可以尋找網路聲量大的自媒體求助。若是立意良善，許多人都樂意協助分享哦！

九、與社會組織長期合作

二〇一三年，學生家長婉如媽媽，請校刊社協助拍攝學校輕艇隊：「他們現在都在糖廠開挖到一半的大水坑練習，而這個荒廢的水池，環境十分惡劣。我想用這部影片向市府請願，為這些未來的國手尋找一個像樣的練習空間。」影片拍好後，我幫婉如媽媽潤飾給市長的陳情書，想不到就此走向一個奇幻的社會參與。

市長收到陳情書後，真的察納雅言，將輕艇練習空間納入旱溪整建計畫，並斥資三億多元，進行排水環境營造工程，最後成了台中「康橋」親水空間。婉如媽媽也從一個輕艇大外行，變成台中市輕艇協會理事長。

後來我們又發現，輕艇選手練習完，皮膚出現紅腫刺痛。原來旱溪上游有家庭汙水及工業廢水排放，水質居然是丁類，只適合工業用水和灌溉用水。所以二〇一七年，我繼續和輕艇協會合作，帶著學生訪問河川水利局及市府官員，完成台中市水質及衛生下水道的研究網站，再請學生練習翻譯成英文，參加國際網博，最後得到白金獎。

十、社會參與需要不同能力的人

學校裡喜歡畫畫的學生，思考如何將自己的興趣與社會參與結合。他們請我當指導老師後，我介紹他們認識「畫話協會」。

「畫話協會」是一個藝術育療單位，已經幫助許多離開學校的身心障礙者，繼續畫出心裡的話。他們計劃要募得一千五百萬元，為台灣成立第一個固定的藝術育療場所，讓學員可以放心創作，也可供特教師生在此學習藝術育療。

這計畫已募得購地基金，但若要蓋地上物，尚有最後一里路要走。於是學生們將自己的作品設計成T恤，在校慶義賣，得款四萬多元，都捐給「畫話協會」。之後，這批學生成立社團，交棒給下一屆愛畫畫的學弟妹。

事實上，一個成功的社會參與，需要許多不同能力的人合作，才有可能畢其功於一役。例如我曾經利用寫歌的專長，為保護鯖魚的紀錄片寫主題曲、用行銷文字賣屏東的有機洋蔥、用英文幫台灣男子拔河隊寫申訴信給國際拔總。當學校要組織一個國際網博團隊時，就需要中文、英文、影片製作、網站設立和程式寫作等不同專長的成員。

十一、國際化思維

二〇一五年九月，聯合國的永續發展會議，通過了二〇三〇年永續發展議程（2030 Agenda for Sustainable Development），以十七項「永續發展目標（Sustainable Development Goals，簡稱 SDGs）」為核心，在兼顧「經濟成長」、「社會進步」與「環境保護」等三大面向之下，開展出積極的行動方案。雖然台灣並非聯合國成員，但千萬別忘了，不管是氣候變遷、海洋永續或衛生防疫，都不是一個國家可以獨力完成，所以從事社會參與，一定要有國際化思維。

例如從二〇一六年開始，在惠文高中推廣的「聖食計畫」，將午餐剩食變成遊民晚餐；我們也研究其他國家的類似活動和組織，並邀請有實務經驗的專家來分享，因此了解到：澳洲的米飯容易質變，不能納入剩食；柏林食物銀行供餐要收一歐元，是為了遊民的尊嚴；由於賞味期不等於效期，英國超市龍頭特易購，在袋裝蔬果食材上不再貼「賞味期限」，希望消費者不再扔棄可食用的食物；法商家樂福與許多台灣食物銀行合作，每年捐即期品近三十萬公斤，學校附近的大學生與獨居老人，有近三十人受惠於這批續食。

吸收他國的經驗，讓「聖食計畫」的志工了解，解決一個社會問題，要兼顧人性及在地差異性，也有利未來解決問題的能力。

其實在校內，亦可以國際思維做社會參與。例如前幾年，學生因應南向政策，想了解台灣的外來看護樣貌，就從採訪十八到二十一歲都在校內的印尼看護 Wati 開始。學生得知 Wati 將寶貴的青春都用來照顧腦麻同學的起居，並且一天需工作十七個小時，才了解這些外籍朋友對台灣的貢獻有多大。他們因此走到台中市的東協廣場，去了解更多的外籍朋友樣貌。

最後他們拍攝影片《對 Wati 說謝謝》，鼓勵大家主動對離鄉背井的外籍朋友說聲謝謝。這樣的參與需要國際思維，更需要人文關懷。

十二、新聞與課本可結合

讀過楊逵作品的學生在報紙上看到，楊逵故居「東海花園」將被強制徵收，成為「殯葬用地」。在台中定居半世紀的國際級作家，即將失去最重要的文學地景，學生焦急的詢問如何因應。

於是我們找了惠文高中與曉明女中的同學，成立了小組，以「搶救楊逵文學花園」為目標，做好的企畫包括設立網站、拍攝影片。我們訪問楊逵的兒子楊建、孫女楊翠教授，以及孫女婿詩人路寒袖。此外還利用假日，跑了兩趟台南新化的楊逵紀念館。

適逢楊逵逝世三十週年，文化局馬上有了回應，邀請同學們規劃並主持「楊逵紀念花園」成立活動。學生沒想到自己的年輕生命，竟可以與課本作家產生聯結，都覺得感動滿滿。

十三、結合「專題研究」與「學習歷程」

「社會參與」是「專題研究」，是「自主學習」，更是實質的「學習歷程」，產生的作品也可以參賽。例如「搶救楊逵文學花園」小組拍攝的影片參加「宏碁數位創作獎」，得到全國第二名；設立的網頁參加國際網博，得了銀獎；更多組員將累積的田野資料寫成小論文。

所以說，中學生涯若未能好好做一次「社會參與」，真的是太可惜了，因為這樣的學習，就是現今最有效的三P學習：「問題（Problem）導向學習」、「提案（Project）導向學習」與「現象（Phenomenon）導向學習」。

十四、讓「社會參與」帶你走一趟「人性之旅」

我帶學生做「台中水質」專題時，成員因分工不均、意見相左，彼此溝通有了障礙，眼看所有企畫都要停擺。但這時總有人默默跳出來，扛起落後的進度，感動了其他組員。大家學會反思，重新合作，完成最後的規畫，甚至拿下國際網博的最高獎項。

其實這麼多年來，我每次帶學生做「社會參與」，都像是帶他們走一趟「人性之旅」。在真實的情境中，人才會顯現自己最真實的人性，例如自私、忌妒，或是善良與關懷。這些青春的敲打樂，此後經年會愈來愈清晰，有時聽起來叫「勇敢」，有時叫「素養」，那是在真實情境中才能定影的價值。像我自己高中時加入校刊社，因為有學長帶著實作，給了我今日的膽識。

參加了空汙專題後，一位組員表示：「我學到了收集資料、媒體識讀、活動企劃、時間管理、溝通表達、系統思考、情緒管理等素養，我不再是個害怕解決問題的小孩了。」

十五、不怕做大夢

學生德恩在國三時，每到週末會去教偏鄉的孩子打籃球，他看見這些孩子一邊打球，一邊罵三字經，便決定將籃球與品格結合，正向改變孩子們的一生。德恩高二時，找我協助他成立「品格籃球」，我問他為何不叫「台灣品格籃球」，他的回答很有氣勢：「以後說不定可以推廣到全世界啊！」

我帶著德恩在全台跑了十幾場演講，分享他的夢想，每次都得到極大的共鳴。愈來愈多孩子加入「品格籃球」，德恩也改變了許多孩子的生命。「台灣品格籃球夏令營」在全台舉行了十幾場，這兩年常駐雲林崙背，甚至連NBA球員，都成了德恩的合作對象。

德恩知道中學時期開始的社會參與，讓他得到更多元的養分。因此許多企業主找他合作，讓他在大學時期就能領到企管顧問水平的薪資；甚至在申請碩班口試時，跟教授們聊到時間不夠，最後成為二〇二〇年清大學科所碩士班的狀元。

德恩在放榜後，在臉書留下勉勵學弟妹的話：「要在這個世界生存，我們需要實戰的『能力』，而不只是『學歷』。年輕時，不要怕用『社會參與』做大夢，因為那可能正是你學習與改變世界的起點！」

第二章

方法

找到「自己想成為的那個人」，
觀察他，跟隨他，學習他，踩在巨人肩膀上前行，
建立你的品牌，成為更好的自己。

找到自己想成為的楷模（一）
——杜甫迷李白，沒成為李白，而成了杜甫

張籍這位超級「迷哥」，
曾把杜甫的詩集燒成灰燼，然後佐以蜂蜜服下。
張籍跟朋友說，吃了杜甫的詩後，
「令吾肝腸從此改易」。

記得大二時，一位剛拿到碩士的年輕影評人擔任講師，他每週介紹新電影，甚至有系統的探討各國導演。我愈聽心愈熱，不僅不翹課，還把老師當成學習的模範。

「老師，我要如何變得跟你一樣厲害？」我下課時忍不住發問。

「你必須要看很多電影哦！我以前有時為了研究同一個導演，一天看七、八部。」

「可是老師，看那麼多電影，要花很多錢吧？」

「圖書館有免費的影片，校門口也有MTV店，花四十元就能看三片。你看完再來找我討論，進步會更快。」

為了變得跟老師一樣厲害，我拿打工的錢看了上百部經典電影，從小津安二郎的三尺鏡頭，到愛森斯坦的蒙太奇。下課後再追著老師，從柏格曼的《第七封印》，聊到楚浮的《四百擊》。

之後老師教我有系統的看書，我一年內啃完志文出版社的新潮文庫，最後竟然拿到一個大專影評首獎，而那位老師正是評審之一。在頒獎典禮，他用力捶捶我的肩膀：「同學不簡單哦！現在你終於變得跟老師一樣厲害了。」

其實我知道，自己還差老師一大截，但心裡已了然，跳躍式進步的捷徑，就是去找到「自己想成為的那個人」。

跟隨榜樣，成為最好的自己

晚唐有位出身貧寒的詩人張籍，他「想成為的那個人」是杜甫。據《雲仙散錄》記載，張籍這位超級「迷哥」，曾把杜甫的詩集燒成灰燼，然後佐以蜂蜜服下。張籍跟朋友說，吃了杜甫的詩後，「令吾肝腸從此改易」。

最後，張籍確實寫出很多好詩。他最有名的詩句，是拒絕節度使李師道拉攏的〈節婦吟〉：

君知妾有夫，贈妾雙明珠。

……

還君明珠雙淚垂，恨不相逢未嫁時！

張籍恨不相逢杜甫，那杜甫自己有沒有著迷的對象呢？有的，那就是年長杜甫十一歲的李白。杜甫寫給李白的「告白詩」，可考證的就有十五首，例如〈寄李十二白二十韻〉：「筆落驚風雨，詩成泣鬼神。」〈贈李白〉：「痛飲狂歌空度日，飛揚跋扈為誰雄。」李白入獄、被流放，只有鐵粉杜甫站了出來，寫出〈不見〉：

不見李生久，佯狂真可哀。世人皆欲殺，吾意獨憐才。

或許一生悲情的杜甫，在李白身上，看見自己缺少的豪邁奔放。李白是杜甫憧憬的對象，最後杜甫雖沒成為李白，但他成了杜甫！

我現在仍繼續尋找自己想成為的人，例如卓爾不群的詩人嚴忠政、峭碧摩天的教育家陳清圳、胸懷家國的《天下》雜誌創辦人殷允芃。或許我一輩子都無法變得像他們一樣厲害，但相信這些具體偉岸的形象，會日夜惕勵我，要像《四百擊》最後長鏡頭中那個不停奔跑的小男孩——一直跑、一直跑，最後跑到陸地的盡頭，見到大海波瀾壯闊的一刻，他知道，他能成為最好的自己！

找到自己想成為的楷模（二）——「可愛」雷納德的王者之路

一個好榜樣，勝過書上二十條教誨。

——羅傑・阿斯卡姆

二〇一九年NBA總冠軍出爐，多倫多暴龍隊大爆冷門，以四勝兩負的成績，打敗金州勇士的不敗神話。而暴龍隊的頭號球星、沉默寡言的雷納德（Kawhi Leonard）瞬間得到全球的關注。

雷納德有兩位偶像，一位是他的父親。雷納德和父親關係很好，一有空就會到父親經營的傳統洗車店幫忙洗車。雷納德的父親苦幹實幹，只要有顧客抱怨車子沒洗乾淨，就會幫顧客再洗一遍。不幸的是，雷納德十六歲時，父親在自家洗車店被開了十槍身亡，凶手至今仍未找到，雷納德因此更加沉默寡言，把所有重心都放在球場上。

另一位偶像是籃球之神喬丹。雷納德常常觀看喬丹的紀錄影片，一看就是四、五個小時，甚至在就讀聖地牙哥州立大學時，即使教練禁止球員晚餐時使用手機，他仍然將手機放在大腿上，偷偷學習喬丹的技巧。

不斷傳承的生命價值

為了成為跟喬丹一樣偉大的球員，雷納德在球場練習，永遠是最早到、最晚離開的那位。在碰到學校體育館上鎖時，雷納德會試圖搖晃弄開門閂。進入體育館後，他用隨身攜帶的一盞檯燈照明，不斷學習喬丹的「兩千次」練習投籃：因為喬丹常告訴他人，在北卡羅來納大學時，史密斯教練要求他每天練兩千次投籃。

喬丹說，史密斯不僅教他打籃球，也教導他如何進行「人生的比賽」，因此他視史密斯為第二個父親。史密斯教練對這個世界的貢獻，絕對不止於贏得兩次NCAA冠軍，更重要的是，他對黑人球員的提攜與栽培，完全改變了籃球這項運動。

史密斯在帶領北卡男籃時，勇於率先打破種族藩籬，首度招募黑人球員，並且教導他們人生的道理；幫助球員打球之餘，也完成大學學業。他的球員能夠順利自大學畢業的比例，高達九七％。

喬丹是雷納德的楷模，而史密斯教練是喬丹的楷模，那麼誰是史密斯教練的楷模呢？答案是史密斯的父親。史密斯在自傳《教練的一生》中寫道：「父親曾告訴我，要『重視每一個人的價值』。」

如果在青春期想要找到自己的價值，不妨去找到一個有價值的楷模，學習他的生命哲學，甚至模仿他苦修的方式，最後就算我們無法達到這位楷模的高度，至少也會成為一位「可愛」的人。

對了，雷納德在台灣被暱稱為「可愛」，因為他的名字Kawhi，唸起來很像日文發音的「可愛」！

藝術大都始於模仿，終於獨創
——跳躍式學習，需踩在巨人的肩膀上

凡富於創造性的人必敏於模仿，凡不善於模仿的人決不能創造。

——胡適

模仿可以加快創新

「請問你有參考業界的經典設計嗎？」看到學生忙了兩個月，卻交出粗糙的T恤設計，我心中頓時燒起無名火。

「有看一些。」

「『看一些』是看多少？」

「五、六個吧！」

「才五、六個！」我清清喉嚨，打算再提當年勇：「以前在不到十個人的廣告公司，卻一年可以拿下十幾座時報廣告金像獎，關鍵就是『模仿後再創造』。下午的咖啡時間，老闆常常會在三十分鐘內，播放一百張得過國際大獎的作品。他告訴我們，每一張的 layout（平面設計）都是設計師在配色、字形、對比上，做過幾百次組合後的最佳選擇。所以，如果我們可以從模仿大師作品開始學習，就可以省掉大量試誤的時間。」

「老師，可以舉些例子嗎？」

「好，我先講你們熟悉的人物。你們都知道李白很厲害，但你們知道李白看到心儀的詩作，也會模仿嗎？」

「真的假的？詩仙耶！」

為了證明，我打開電腦，輸入「李白」、「鳳凰台」等關鍵字，螢幕上跳出一首〈登金陵鳳凰台〉：

鳳凰台上鳳凰遊，鳳去台空江自流。
吳宮花草埋幽徑，晉代衣冠成古丘。
三山半落青天外，二水中分白鷺洲。
總為浮雲能蔽日，長安不見使人愁。

「老師，這首我背過，」一位學生馬上呼應：「那句『總為浮雲能蔽日』很有名。」

我再輸入「崔顥」、「黃鶴樓」，螢幕上出現耳熟能詳的〈黃鶴樓〉：

昔人已乘黃鶴去，此地空餘黃鶴樓。
黃鶴一去不復返，白雲千載空悠悠。
晴川歷歷漢陽樹，芳草萋萋鸚鵡洲。
日暮鄉關何處是？煙波江上使人愁。

「同學來比較一下，你們看像不像？」

「老師，押韻好像哦！」

「呵呵，老師，」另一位同學指著螢幕：「『鳳去台空江自流』、『此地空餘黃鶴樓』很像，『長安不見使人愁』、『煙波江上使人愁』這兩句更像。這真的是仿作耶！」

「來來來，繼續！」我再輸入關鍵字「王安石」、「浮雲能蔽日」，螢幕出現了宋代王安石的《登飛來峰》：

> 飛來峰上千尋塔，聞說雞鳴見日升。
> 不畏浮雲遮望眼，只緣身在最高層。

「老師，這首的『不畏浮雲遮望眼』，是不是和李白的『總為浮雲能蔽日』有關？」

「問得好！當然有關。」我很興奮學生抓到聯結：「王安石用的是李白這首詩的典故，卻又別出心裁，寫出新意。李白是愁，王安石是傲。你們看，如果好作品讀得夠多，你便可以模仿，可以用典，可以快速的被啟發，甚至超越。」

「老師，我懂了，原來模仿可以加快創新。」

向典範學習，獲得飛躍的進步

「但老師，世界上有那麼多大師作品，」一位同學提出心中的疑問：「我們要模仿誰？」

「你可以從自己喜歡的風格去模仿，進步才會快。」我一邊講解，一邊在電腦上找出幾位大家的作品：「你們看，張大千模仿敦煌石窟的飛天，畢卡索模仿埃爾．格雷考（El Greco）的拉長肢體。以前的校刊版型模仿《天下》和《印刻》雜誌，現在模仿《小日子》和《Paper》雜誌，因為這樣，他們一下子就學會了下標、頁眉、撞色等概念，所以去年得到金質獎和美編獎。」

我繼續拿出一本詩集：「我四十幾歲開始夢想寫詩，選了我最喜歡的詩人嚴忠政學習，結果在停筆二十多年後，我竟然得到了十幾座文學獎。模仿讓我快速學到基本功。有了基本功，我就可以自由創作了。」

「老師，除了藝術創作，其他的學習也需要模仿嗎？」一位想讀商科的學生問。

「當然，例如語言一定來自模仿。我曾經在貿易公司上班，但我非商科，完全不會寫貿易書信，所以就買了一本範本來模仿，結果三個月後，我竟然在重複模仿中，內化了英文最關鍵的文法，那就是若不用連接詞連接另一個動詞，就把另一個動詞改為動狀詞（動名詞、分詞、不定詞）即可。後來我去考教育學分班，英文竟然拿了滿分。你知道嗎？以前我考預官時，英文才拿八分。從此我做什麼都不怕了，因為我知道，模仿可以給我跳躍式的進步。還有，」我指著電腦：「你們知道學校電腦都用什麼軟體嗎？」

「作業用 Windows，文書用 office 啊！」

「沒錯，這些都是微軟的軟體，但是 Windows、office 都是改良的，沒有一樣東西是微軟原創的。Windows是一種『圖形使用者介面（Graphical User Interface，簡稱GUI）』，比爾．蓋茲是從蘋果電腦模仿來的，而蘋果的技術又是賈伯斯從全錄（Xerox）研究中心模仿來的。」

「天啊！現在講到電腦，誰還會記得全錄啊！」

「全錄不是只有影印機嗎？」學生們你一言，我一語，討論得很熱烈。

「呵呵，例子多的是，像平板電腦是IBM先研發出來的，而不是蘋果；Mp3是韓國三星發明的，也不是蘋果。連美國最大的連鎖超市沃爾瑪（WAL-MART）創始人山姆．沃爾頓（Samuel Moore Walton）都說，他能做到全美最大，都是靠模仿而來的。」

「老師，我們回去後，」領導的學生很有信心的說：「一定會去找好的設計、案例來模仿！」

學生回去後，真的上網找到大量的經典T恤設計，並選出最喜歡的版型模仿。T恤推出兩天，雖然定價高達兩百五十元，還是拿到全校共五百多件的訂單，最後供不應求，又追加了兩百多件。

相信這些學生都已經了解，模仿不是創作，但創作不能不有模仿。模仿是創新的捷徑，是踩在巨人肩膀上得到高度，也得到速度，然後在每一種學習，都得到跳躍式的創新！

計算「時間成本」與「邊際效益」——選擇有學習的打工

暑假無論如何不要閒置著。
如果能有機會打工、遊學，都應該要爭取。
千萬不要就待在家裡。

——李開復

時間是最珍貴的資源

「你大一、大二時，不是跟我一樣英文很爛？為什麼現在可以當到美國大學的院長？」在美國南加州的高速公路上，我忍不住詢問手執方向盤的老同學——J。

「多虧大二升大三的那個暑假，我接受了許平和教授的建議。」

「哇！我想聽，什麼建議？」

J望著兩旁布滿仙人掌的道路，視線飄向生活多刺的當年：「你知道我老家在宜蘭，沒什麼錢。所以我在暑假時，到處詢問打工的機會。許教授知道後，就丟給我一本《英國文學史》，叫我翻譯。」

「這有pay嗎？」

「沒。但許教授說，學生手上最珍貴的資源是『時間成本』，這成本拿來學習，未來可能賺更多。」許教授說對了，現在證明，J在那暑假賺翻了。

「當我翻譯完這本文學史後，不但英文變好了，文學史也通了。開學後讀系上每個科目，都變得很簡單，所以成績一直往上竄，也開始拿獎學金。」老同學這時轉過頭，笑著喊我在大學時的英文名字：「Rockie，你相信嗎？我曾經是個英語會話被當的學生，最後托福竟然考了滿分。台灣那兩年就我一個，所以我一路拿獎學金，可以在賓州拿到博士，還拿到德州與加州的大學終身教職。」

J的回憶也把我拉回那一年夏天。

那幾個月，一樣想為家裡負擔經濟壓力的我，找到塑膠工廠大夜班的打工。我晨昏顛倒，白天睡覺，晚上看塑膠射出機。開學前一天領工資，每晚八百元，合計四萬多元，付學費綽綽有餘，這給我很高的成就感。但重點是，我忘了當年的身分是學生，有個不可躲避的義務，那就是「學習」。我必須學到一生的核心能力，卻以打工為藉口，讓自己遠離書本。事實上除了打工，我也還有零碎時間，去讀自己暑假規劃的GRE單字與《英國文學史》。

自己讀英文系，英文程度竟然還沉在谷底。兩年後的留級，加上預官英文拿到八分，敲響了一記警鐘：當我閃避學習，成功就會閃避我。

在學費高漲，薪資卻凍漲的年代，愈來愈多年輕人必須靠打工來減少家庭經濟負擔。1111人力銀行調查發現，最近三年有超過三分之一的大專學生，開學後必須同時打工又當家教，可謂是「蠟燭三頭燒」。而且就讀高中職以上的在學生，有七五%想打工，但有五〇%的學生認為「打工與學習無法兩全」。

打工與學習，真的無法兩全嗎？

我回顧高中與大學的打工生活，驚覺自己做過的工作不下十種，其中餐廳端盤子的學習品質最低，其他的工作，幾乎都給我豐厚的學習養分，甚至導引我走向今日職場的道路。

大學聯考後到上成功嶺前的一個多月，我在沖床工廠打工，沖床的半成品要送去電鍍，讓我認識了非法電鍍業的環境危害，也給我日後社會參與的基本素養；大三曾有半年在新莊的補習班當夜間導師，我因此認識了補教業，也點燃了走向教職的熱情；大四下被留級後，我在淡水山下賣優格冰淇淋，大概有半年的時間，每天晚上要用收銀機算帳，學到大型國際公司與分店的經營模式；留級的後期，我先到貿易公司當助理，日後才能成為貿易公司的小主管；做貿易時我也兼電影字幕翻譯，賺點錢，而且英文也變好了。

說起來，影響我一生最大的打工，其實是大三開始的「紙上打工」。

大三那年，因為遇到讓我文學開竅的老師，所以開始整理學習心得投稿。稿酬雖薄，但心裡有數，若能持續這樣的閱讀與發表，人生可能會變得不一樣。最後我停掉補習班的打工，專注於閱讀與「紙上打工」。有一個月，我發覺稿費與以前的工資相埒時，對人生突然有了一個體悟：「世上有一種打工，叫做『有學習的打工』。」現在才明白，這個另類的打工，打下了我今日的文學根基。

我的經歷，證明打工與學習真的可以兩全，所以建議有打工規劃的同學們，在「用時間換金錢」的想法下，別忘了思考，付出的時間可不可以換到其他學習的「邊際效益」？例如是否能學以致用？是否可將興趣化為能力？是否可以做職場試探？是否可以拓展未來的人脈？

別忘了，錢很重要，但比錢更重要的是「時間」。若讓打工吃掉你所有學習的時間，在「知識經濟」的時代，你可能終其一生都是個「打工仔」。

實作是引薦信，是人脈，更是一生的品牌！

在「相信你做，不信你說」的年代，
實作才是最有力的引薦信！

「生不用封萬戶侯，但願一識韓荊州！」這是李白三十三歲時所寫〈與韓荊州書〉中的千古名句，而非常特別的是，他寫這封信的目的，竟然是想找一份工作。

原來李白不想經由「國家高考」的途徑當官，自認是心雄萬夫、龍蟠鳳逸之士，希望向荊州長史韓朝宗（韓荊州）投文自薦，透過「特殊選才」獲得晉用。

在唐朝，若能找到貴人，寫一封好的自薦信（時稱「行卷」或「投謁」），就可能脫穎而出，鹹魚立登龍門。

比起學歷，企業更重視經歷

在二十一世紀，自薦信化身為備審資料，好的備審資料真的是龍門之鑰，校友晴就拿到了這把鑰匙。

晴最近到德國讀博士，研究內容是世界上最大的科學儀器——歐洲核子研究中心（CERN）的大型強子對撞機（LHC）的子計畫，因此拿到的津貼也是國際級別，不僅可以負擔學費及生活開銷，還有餘額儲蓄。上個月餐敘時，我詢問晴如何得到這千載難逢的機會，她不假思索的回答：「因為我的備審資料，有許多『實作』的經歷。」

晴在高中時，喜歡到處聽科學演講，而且還會在演講後，詢問講者學習的機會。例如她曾聽完孫維新博士的分享後取得聯繫，因此參加孫博士的天文觀測研習營。之後晴就讀師大體系的理學院，學校的實驗規模比不上世界頂大。她知道不能將學習局限在自己的校園裡，因此常閱讀科學論文，看完後寫信給為文的科學家；有些信石沉大海，但也有愛才的教授主動回信，一位中央研究院博士收到信，因此邀請她參與研究計畫。晴就這樣走進實驗室，與碩博士生一起實作，也因此得到在台灣和美國的實驗歷程。最後，她靠著這些實作的經歷，得以進入常春藤名校布朗大學。拿到碩士學位後，晴又得到名教授的推薦，再進入大型強子對撞機計畫。

是這些能力、人脈的積累，終於導引晴走到世界的科技巔峰。「這些名校喜歡錄取，並將獎學金給予有實作經驗的學生。」晴有感而發。

在全世界「普設大學」的風潮下，愈來愈多學歷與實作力不等值，像資工系寫不了程式、機械系沒碰過車床、中文系寫不了文案，讓企業主感到害怕，這也是「文憑貶值」的主因。然而，「實作」與「作品」卻是讓企業主信服的證明。

記得我當初在台北，從事一年八個月的進口貿易後，想轉職到一家得獎無數的廣告公司。當時，業務經理告訴我：「你的經歷，可能無法證明你適合這份工作。」

「我過去的作品可以嗎？」我想起大學時留下了一本作品集，裡頭有校刊編輯、文藝營企劃，以及文學作品的實證。

「老闆說你下個月可以來上班了。」隔週，業務經理很高興的通知我：「我們缺一位文案，你的編輯、企劃、文字能力，剛好是我們需要的。」

這家公司教會我的東西，比我讀過的三個研究所還多。我在這裡經歷實戰，學到廣告、企管、新聞、公關、CIS的基本概念，也因此理解「詩」是文案的核心，埋下了我二十年後學詩，因而翻轉一生的契機。

成為未來世界的人才

因為知道「實作」威力的強大，所以二十年來，我樂於帶學生「做中學」。例如做一本校刊的過程中，學生被訓練合作，在一年內編出兩本業界水平的校刊，可習得的素養便涵括一〇八總綱裡「三面九項」中的八項素養：

自主行動：「身心素質與自我精進」、「系統思考與解決問題」、「規劃執行與創新應變」等三項素養。

溝通互動：「符號運用與溝通表達」、「科技資訊與媒體素養」、「藝術涵養與美感素養」等三項素養。

社會參與：「道德實踐與公民意識」、「人際關係與團隊合作」等二項素養。

許多高中時跟我一起做社會參與的學生，在申請大學時，也憑著實作的經歷，得到佳績而被錄取。例如研究實驗教育的芳如，成為清大拾穗計畫的狀元；創立品格籃球的德恩，考取了清大的學習科學所榜首；一起推動「聖食計畫」的璿佾，受交大許教授的邀請，大一就參與鴻海的實習計畫。他們三人的學業表現均不傲人，但過去做出的成績，讓大家相信，學術與理論到他們手上，都可以被活化與活用。

1.
2.
3.

他們是這個時代所需要，能「系統思考」、「團隊合作」與「解決問題」的人才。就像Google人力營運資深副總裁拉茲羅．柏克（Laszlo Bock）表示，他們不再以「學業成績平均點數（GPA）」來決定是否雇用新人，因為發現分數並不是人才保證。Google最在乎兩種能力：一是處理大數據的認知學習能力，二是領導能力。所謂的「領導」，是在遭遇問題時，能否挺身而出，將團隊帶上來的能力。

因為理解「實作」對學習的效能如此強大，現在新課綱大量納入「專題研究」與「自主學習」的課程，就是希望高中生做專題研究後，將想像化為具體成果，因而得到組織思維、建構邏輯、分析問題、提出觀點，並思索個人志向，學會獨立思考，激起知識的熱情，開啟探索未來渴望等素養。

或許不少師長仍擔心，各種「實作」或「專題研究」可能排擠學生學術課程的時間。但別忘了，在青春初期，如果學生無法獲得這些課堂外的素養，將很難成為未來世界的人才。

其實未來已來。在二十一世紀，我們和李白一樣，不用「生封萬戶侯」，但要記得，在「相信你做，不信你說」的年代，實作才是最有力的引薦信，會為我們帶來今日的「貴人韓荊州」。沒錯，實作是人脈，實作是品牌，實作是奠定你一生素養的基石！

品牌，是別人聊起你時使用的「關鍵字」

品牌是價值。
有價值，就不用比價格。
有品牌才會遇到貴人，
有品牌才會有機會與資源！

「主任，我知道你正在找國際教育組長，建議可以找彥慶老師，他是個『注重細節』的人，做任何事『完整度都很高』。」

四年前，小藍媽媽知道我正在物色新組長，很熱情的向我推薦一位我不熟悉的新老師。因為小藍媽媽的品牌形象是「嚴謹務實」，我相信她的話。不需打折扣，因此便放心提出邀約。

彥慶老師接下國際教育組長一職後，第一年便為學校拿下英國文化協會（British Council）頒發的「國際學校認證」；第二年更幫學校取得台灣睽違八年的資源——德國外交部「PASCH夥伴學校」。有了這個資源，學校不僅可以拿到德國提供的免費教材，隔年還有兩個學生飛德國學習兩到三週，機票、學費、食宿費用全免。因為組長的努力，每一位學生省下了近十萬元的費用。

建立你的品牌價值

這兩年，世界各地的大學紛紛飛來，這些名校不僅提供高額獎學金，連名列世界百大的阿姆斯特丹大學都開先例，讓一位剛修完高三上課程的學生提早入學。

今年主動聯絡的外國代表愈來愈多，我不禁好奇發問：「為什麼你們會找到我們？」

對方回答：「台北的國際教育圈都推薦你們，說貴校『注重細節』，而且『履約完整度高』。」

雖然使用不同的語言，但第二次聽到「注重細節」、「完整度高」這兩個形容詞，我突然理解，原來「品牌」就像《個人品牌》一書作者何則文所下的定義：「個人品牌，是別人聊起你時使用的『關鍵字』！」

講得太好了！

我想到以前在台北寫廣告時，老闆講過的話：「品牌是重複出現的價值，你必須長時間堅持準時、品質、誠信等價值，每一分，每一秒。」

日前我對一位學生發出失望的嘆息：「你知道你的品牌價值正在流失嗎？」因為她接了社團的大位，卻沒扛起該負的責任，對老師和其他幹部的留言，常是已讀不回，造成校譽莫大的損失。這兩個月同學談起她，用的關鍵字都是「不負責任」、「無法信賴」等負面字眼。我也暗自決定，以後不僅不再委以重任，甚至不會為她提供任何人脈與資源。

品牌是信賴，品牌是價值。有價值，就不用比價格。有品牌才會遇到貴人，有品牌才會有機會與資源！

在全球化的長年困境、年輕人於就業市場被瘋狂砍價的年代，新世代更應該注重「工作細節」及「任務完整度」，每天都用心、用力，反思自己被談論的「關鍵字」，建立自己被需要的價值，也守護一生的品牌！

從自己的專長出發——自主學習的精神：超越「基本」

Wendy花了大量時間研究手機的調色功能，一點進她的IG色調分享平台，總能看到底下密密麻麻的調色細節：對比+1、陰影+2、自然飽和度+62、紋理、光線、飽和度……色調繽紛的照片，短短四個月，便在IG平台上，吸引到一萬七千多名粉絲……。

「你住在國外幾年？」

「老師，我都住在台灣，只曾與家人到國外短期旅遊。」

「怎麼可能？」我覺得很不可思議：「你說英語像Native Speaker（說母

語者）一樣流利，你是怎麼學的？」

「我都和弟弟看 Youtube『自學』。我們看喜歡的節目，也會學著講。」

這對高一的雙胞胎兄弟，順利通過學校的外交小尖兵及國際班甄選，雖然沒有在國外長住的經驗，他們卻靠著自學，英文聽講不輸在國外長住過的同學。

這對兄弟錄取小尖兵選手後，我發現他們在培訓的空檔，眼睛一直盯著手機。原本以為這是網路成癮的壞習慣，但只見他們一邊看，一邊靈活按壓手指，原來他們看的是電吉他和弦的教學影片。

「哇！連音樂也能網路自學？」我不禁驚呼。

「主任，你不知道現在的學生都習慣網路自學嗎？」組長的提醒，讓我陷入沉思。

A B C D

傳統教育 vs. 多元學習

上週我恭喜一位志工，因為她的孩子繁星上了頂大，詢問育兒的訣竅，她說：「就是管制手機、遠離網路，成績就好了。」然而，去年清水高中的韋詠祥，以四十八級分申請上交大的新聞，卻又提醒所有的師生，網路自學的威力強大。

在上一期校刊，我請學生訪問了韋詠祥，他表示：「國小五、六年級開始玩電腦遊戲，還不知道什麼是程式語言，直到國中時期，班導請來有資訊背景的家長，教同學們簡單的程式語言，才知道所謂的『程式』。此後，我對程式設計產生濃厚的興趣，並透過網路自學，遇到不會的，就去網路尋找資料，再不然就到資訊社群詢問，其中許多資源是國外的網站，所以英文也跟著好起來。」韋詠祥鼓勵對程式設計有興趣的同學，可以多使用網路資源自學，不一定要花錢上課，他自己就是最好的例子！

上面這兩個案例，其實也是台灣教改面臨的兩個極端。前者是傳統考試制度的勝利者，後者是今日多元學習的贏家。這兩種方式會產生時間的排擠，令教改下的親、師、生無所適從。

其實若要釐清這個問題，必須先搞懂高中課程的架構。

大考中心網頁對「學測」的介紹如下：「學科能力測驗包括國文、英文、數學、社會、自然『五考科』，旨在測驗考生是否具有接受大學教育的『基本』學科能力，是大學校系初步篩選學生的門檻。」

也就是說，在高中階段，學生所學所考的，是「五科」的「基本」能力，所以它不可能涵蓋現代多元的知識，也不可能拉高到專精的水平：國文考得好，並不表示他有創作能力；英文考得好，並不表示他有閱讀原文小說的能力；數學考得好，並不表示他有寫程式的能力；社會考得好，並不表示他有社會參與的能力；自然考得好，並不表示他有研究發明的能力。

我有許多國文考滿級分的學生，他的文學素養仍不足；英文考滿級的學生，卻不敢開口。

我們傳統的教育制度，會訓練出一群「五科基本能力」ＯＫ的學生，但這一群學生也可能為了要應付考試，而被剝奪了對專長加深、加廣的機會。更可惜的是，那些偏才，在放學後還必須上補習班，去加強自己怎麼讀都讀不好的學科。

管理學大師彼得．杜拉克說過：「重要的是有什麼能力，而非缺乏什麼能力。」這也是教改「適性揚才」的終極目標：在每一個人的長處，製造每一個人的成功。國家的系統（system）在每一個人的能量（energy）都被拉高後，便能結合為更強大的共力（synergy）；反之，當每個人的特長無法得到充分開發，國家就會漸趨平庸化。

試問，如果韋詠祥高中三年，把時間都花在補習班，去加強自己不擅長的學科，他有可能成為程式高手嗎？如果唐鳳在學生時代每天寫一樣的考卷，沒花那麼多時間自主學習，她有可能十四歲就創業，最後在新冠肺炎疫情期間，成為護國衛民的科技英雄嗎？

在學習上當自己的主人

因此，今日大學選才從五科減為四科，一〇八課綱中導入「自主學習」與「專題研究」課程，就是希望所有的學生，能夠更專注在個人性向的發展，讓自己的特殊專長，可以超越「五科」與「基本」的限制。

我服務的學校有位國二的女同學——Wendy，她試著走出手機的「基本」設定，最後甚至完成了創業夢。

Wendy 本身對於攝影有相當大的興趣，經常在各社群論壇裡學習攝影技巧，因為發現後製強大的用途，所以開啟了調色自學之路。Wendy 花了大量時間研究手機的調色功能，一點進她的ＩＧ色調分享平台，總能看到底下密密麻麻的調色細節：對比＋1、陰影＋2、自然飽和度＋62、紋理、光線、飽和度，以及適用的照片類型。色調繽紛的照片，短短四個月，便在ＩＧ平台上，吸引到一萬七千多名粉絲追蹤。Wendy 也在購物平台上販售色調，小小年紀就賺進人生第一桶金。

當然，從「自學」走向「自主學習」，學生不可忘記其差異，就在於「主」這個字。「自主學習」就是希望把學習的「主權」還給學生。

然而，當自己的主人，也伴隨著責任。

在我所服務的學校，高一的「多元選修」與「自主學習」一起開課，所以我對報名「創意寫作」的同學表示：「學校開了十四門課，有 python 程式設計、心理學、幾何推理，也有第二外語。選修這門課，就代表你喜歡創作，你的性向與能力也在這裡。但大家應該都知道，文字有好的輸入，才會有好的輸出，所以我會在網路上放好作品給你們閱讀。」

學期末時，我發覺學生們的進步有限，做了調查，發現只有五分之一的學生讀完我給的作品。原來學生還是習慣把時間留給傳統考科，結果師生都「輸給了時間」。學生沒辦法當時間的「主人」，使得該門學習，也只能停留在「基本」的水平，最後要整理學習歷程時，才發覺乏善可陳。

Wendy 之所以能從網路世界跳出來，是因為她認清自己才是學習的主人，因此從未停止「自主學習」。為了創作新色彩，Wendy 必須比一般人更用心研究電影、廣告或平面雜誌的配色，創意才能永不枯竭。

二十一世紀的年輕人，是歷史上第一批面臨「極端資本主義」與「文憑貶值」曲線死亡交叉的世代，台灣、美國、日本的實質薪資，都一起倒退十幾二十年，全世界的人口正捲入「貧者愈貧，富者愈富」的漩渦。

美國經濟學家泰勒．柯文（Tyler Cowen）出版《大停滯》（*The Great Stagnation*）一書告訴全世界：「中產階級時代，已經結束了。」在中學階段，除了那五%五科均強的學霸，可以憑考試成績分配到保障就業的科系外，其他「能力一般般」的學生，將很容易掉入M型社會貧窮線的另一端。所以，別忘了在學習上當自己的主人，在中學階段靠「自主學習」，栽培自己的專才，超越傳統的「五科」與「基本」限制。然後，你才能替自己的人生，調配出永不枯竭的美麗色調！

當個有「辦法」的人——用「會議紀錄」學習領導與管理

「會議紀錄」是維持社團法紀的「辦法」，要做到「書面化」、「電子化」、「公開化」、「傳承化」！

要領導，絕對不能避責

「老師，K的圖檔兩個月前就該給了，我一直催他，但他卻都已讀不回。」開編輯會議時，美編長義正詞嚴的率先發難。

我先不回應她對「人」的抱怨，而是問她一個根本的制度問題：「麻煩你先將美編的SOP唸給我聽，好嗎？」

「採訪完一週內，執編必須寄至少七張高畫素的圖檔供美編長審圖。」美編長很熟稔的回答：「如果逾期，美編長必須三天內催繳。」

「如果還是不理美編長，怎麼辦？」

「再延遲，則轉由我催繳。」總編搶答。

「很好，」我鍥而不捨的追問：「如果三天內再拖圖呢？」

美編長詢問一下總編，繼續回答：「三天內再拖圖，則交由指導老師催討。若仍未繳交，則由老師做危機處理，跳過採訪同學，直接聯絡受訪者要圖檔。」

「完全正確，也就是說，按照校刊社的SOP，任何缺圖的危機一出現，兩週內我一定要知道，但是，」雖然帶學生編了二十年校刊，我的聲音此時充滿無力感：「為什麼上一期校刊的最後階段，一堆美編抱怨圖檔不足，最後造成沒時間二校的大災難？」

「因……為……」美編長一改正義魔人的聲量，因為她知道誰該負最大的責任：「因……為……我沒有照著SOP走，沒有通報總編跟老師。」

「所以，上次的災難該你負責，對不對？」

「好像是……可是，不是大家都有責任嗎？」

「你是頭，怎麼能把責任推給大家？當頭的，就必須扛下主要的責任，就像我的職位是主任，圖書館所有的事我都有責任。要領導，就絕對不能避責；當領導，就要學會『釐清權責』。」

「釐清權責？老師，要如何釐清呢？」美編長問了個好問題。

會議紀錄是釐清權責的證據

「第一個步驟，善盡自己的職權。例如當你照SOP去催繳，三天一到，將催圖工作轉給總編，責任就跑到總編那裡了。」

「那犯錯的K反而沒責任了嗎？」美編長對此有疑惑。

「不，他當然有責任，但是我們必須要先做好『會議紀錄』，這樣他才有責任。」

「會議紀錄？」美編長和總編異口同聲，面露疑惑。

「是的，釐清權責的第二個步驟，就是做好『會議紀錄』。如果我們沒有將每一次『會議紀錄』留存，或是會後沒有傳閱『會議紀錄』，確認全體社員都看過，就沒有『證據』去證明K犯的錯誤。」

「哇！『會議紀錄』是『證據』耶！」社員們議論紛紛。

我鄭重的說：「真的需要『證據』來保護自己。你們想想，我們校刊每年拿獎，去年還拿了全國第一。若我們這次又拿第一，社員就可以列入自己的學習歷程。如果K要我驗證學習歷程，而我不願意做，但我又沒有『證據』，那麼，K和K的父母可不可以告我？」

我環視社員，嚴謹的做最後一次提醒：「參加社團，就是為了模仿真實的生活情境。我們習慣用『情、理、法』的順序去解決問題，就像催稿這件小事，一開始你們用『情誼』處理；動之以情無效後，你們希望他人『評評理』，然而，問題仍無法解決；這時就要訴諸以法，用制度、證據與法則來解決，而會議記錄，就是維持社團法紀的『辦法』。」

「老師，我懂了。」總編一臉愧疚的認錯：「你一直交代我做『會議紀錄』，而且要做到『書面化』、『電子化』、『公開化』、『傳承化』，但我沒做好。以後帶社團，我會更有『辦法』了！」

MEETING
MINUTES

運動是國際語言——一輩子應該要參加一次球隊

好的運動員會有一些好習慣。
今天如果你在球場上可以做得到，
在社會、事業上為什麼做不到？

——張嗣漢

一場籃球友誼賽的啟示

幾年前，我曾主辦自己服務學校與「台中美國學校」的籃球友誼賽，面對學生人數不到我們十分之一的小校，我覺得勝券在握。當雙方球員一上場，我不禁噗哧一聲，對美國學校的教練開玩笑：「你們是全民皆兵哦？連小小兵都出來打。」

「哈哈，沒錯，我們要求每一個學生至少要參加一個運動社團，每個社團都是校隊。」教練見我不置可否，再補充：「其實歐美的學校一般都不大，這樣的情形很常見。」

因為兵強馬壯，我們上半場贏了十幾分。但之後球員導傳和卡位沒做到位，主力球員空檔不多，必須用蠻力硬扛、硬切，讓我有一點擔憂。

下半場開始，我們主力球員的命中率急速下滑——體力下降的問題出現了。反觀美國學校，打得不疾不徐，球大對角轉移，中鋒利用高位擋人，向下沉底要球做單打，成功進了好幾球。

「你們Ｓ１[2]執行得真好！」我不禁對教練發出讚嘆。

我方頻頻被Ｓ１製造防守錯位，小個子被迫防守他們的中鋒，只能拚命籃下犯規，結果美國學校靠罰球追平了比數。打急了，落後兩分的我方射手卯起來投三分球，可惜沒進，還被搶到籃板的美國學校反快攻。我方後衛情急伸腳防守，讓對方快攻的小前鋒跌了一大跤，判罰的兩球都投進。剩最後兩秒，差距四分，再無懸念。

「我們不是只有輸了比賽。我們還輸了體能、輸了技巧、輸了運動家精神。」比賽結束後，我很難過的對教練說。

「別這麼說，比賽都有輸贏，你看賽後，你們的學生圍著我們受傷的小前鋒說對不起，運動真的是最好的國際語言。」教練安慰我。

構建身心健康的基礎

運動真的是最好的國際語言。記得幾年前到波士頓姊妹校，認識的每個男老師都熱中運動，而且幾乎都兼當學校運動社團的指導老師。接待我的艾力克老師，曾帶我穿上冰鞋，滑過門前結凍的湖面，還帶我參加他們每週四的五人足球賽。有一天，艾力克招待我看NBA比賽，發現我對球員及戰術

2 作者注：pick and roll 擋切戰術。

如數家珍，忍不住對我說：「Vincent，我知道為何你和我們學校的老師能相處得這麼好，因為你懂兩種語言：英文和運動。哈哈！」

艾力克一語驚醒夢中人，運動真的幫助我很多。因為知道自己身體不好，只能靠運動來維持體能，所以大學時期，我非常積極上球場。遺憾的是，因為球技爛，自己一輩子沒打過正式球隊。但沒關係，運動是自己能送給自己的最大禮物。所以，我自己組球隊！

擔任教職後，我和當時學校的兩位老師組成「籃球三劍客」，天天找學生尬球。現在三人雖分屬三間學校，但仍每週固定球聚，至今二十六年沒斷。這兩年又和新交的朋友成立一個「網路球隊」，一樣每週固定到社區球場打球。這兩個「球隊」扎扎實實構建我身心的健康。但我卻發現，許多身邊的朋友一入中年，身體便受三高所苦，原來是因為缺乏運動的習慣。而追根究柢，他們大都在學生時期就缺乏「運動素養」教育。

喜歡運動的人都知道，運動的好處極多，它可以防止老化、增加抵抗力、幫助學習團隊合作，甚至有很多實證都證明，運動是最好的抗憂鬱藥。

美國德克薩斯大學西南醫學研究中心，曾做過大規模研究，發現運動可刺激大腦分泌血清素、多巴胺，憂鬱症患者若再搭配運動，可以提升三〇%的藥物療效。

因此，現在的一〇八課綱，也開始重視「運動素養」，但「運動素養」究竟是什麼？

由於發現台灣教育缺乏「運動素養」的傳遞，前哈佛大學美式足球先發何凱成，對「運動素養」下了定義：「相信運動不只是運動，更是培養領導能力、團隊合作、溝通與相處、多元學習成長中不可或缺的管道。」

運動素養教育典範——球學聯盟

何凱成在二〇一八年十月，創立亞洲第一個校園區域運動聯盟——「球學聯盟」。這個聯盟效法美國一百三十三年前就已實施的「區域化」賽事制度，在第一個賽季將台灣二十七支高中籃球隊伍，分為六個賽區，共一百四十三場比賽，皆為主客場制度，在二〇一九至二〇二〇年賽季，已有近百所台灣的高中參加這聯盟。

何凱成想對家長、教練、學生運動員和學校，傳達一個強烈的訊息：「亞洲僅一至三％的小孩曾參與過運動校隊，這源於普遍的學校和家長都不支持學生花過多時間運動，而是以課業、升學為首要考量。因此，台灣基層運動八成以上缺乏強大的基礎架構和資源，導致整體生態的惡性循環。」

「球學聯盟」的資助者，同時也是職籃出身的好市多亞太區總裁張嗣漢也表示：「好的運動員會有一些好習慣。今天如果你在球場上可以做得到，在社會、事業上為什麼做不到？」所以，張嗣漢最喜歡雇用運動員，例如好市多嘉義店的店長周海容，就曾是台灣甲組男籃明星球員。

之前我受邀採訪「球學聯盟」二〇一八至二〇一九年賽季，打進季後賽四強的台中市嶺東高中籃球隊。彰師體育系、台體研究所畢業的孔祥華教練表示：「學習不是只有在教室裡面。『球學』的精神就是要打球也要注重學業，要在生活情境中，學會溝通、紀律、合作與做人處事的基本禮貌。例如晨操結束後，我要求球員一定要自己洗衣服，自己晾衣服。」被問到最感動的事，孔教練的回答竟然不是「贏球」，他說：「贏球會讓我開心，但不會讓我感動，會讓我感動的，是學生的改變。」

觀光科二年級的現任隊長高銆勛，還記得剛加入球隊的第一天，就要「衝望高寮」，一路跑上坡。他跑到臉色發白，一度想要放棄，但想到教練說過的「撐下去就是你的」，便決定自主訓練。在假日時，他從住家附近的逢甲大學，一路上坡跑到六公里外的都會公園。現在，高銆勛不僅體能變好，輕輕鬆鬆就可以在十二分鐘內，跑完三千公尺的晨操訓練，而且因為意志力變好，成績都保持在前十名。

打中鋒的張智湆也呼應：「聯盟為確保學生運動員的未來發展，實施嚴格的學業標準規範，球員必須到達一定成績標準，才能夠出賽。知道自己打籃球，所以我學業成績一直保持前十名。」

「球學聯盟」會直播每一場比賽，也要求各校要為學生剪 Highlight 影片，讓大家可以看到球員的表現。應英科二年級的中鋒鐘允廷表示，有一次他媽媽在粉絲團看到轉播，回家後跟他說：「我今天看到你打球了。」這讓他很感動。

打前鋒的張意念覺得，對他而言，打球隊的最大意義是「提供一個舞台」。他國中畢業後，曾去五所高中培訓，但知道以自己的身體素質，若是到甲組的球隊，連上場機會都沒有。但是在嶺東，就可以時常上場。「其實每個高中生最需要的，就是一個可以發光發熱的舞台。」

孔祥華教練表示，打一般縣市的比賽，輸一場就沒有下一場了，不像「球學聯盟」是循環賽，讓學生可以不斷練習，在這個舞台當中琢磨進步，也鞭策他們的學業成績。

其實，「運動素養」的最大意義，不是打甲組，不是打校隊，而是在學生時代就體會到運動帶來的好處，因而喜歡上運動，養成一生的運動習慣。

是的，你可以一輩子沒參加過正式球隊，但可以為自己成立很多球隊，讓自己一生從運動中獲利。

愛上運動，喜歡運動，終身運動，這才是真正的「運動素養」！

語言好，不等於國際素養好——用HAPPY原則「學會聊天」

記得HAPPY原則：「幽默放鬆」、「好奇發問」、「準備自己」、「同情關懷」、「你的相關」這五項要訣，很快就能擁有聊天的國際素養囉！

聊天是交流與學習的機會

「珍（化名）的接待家庭覺得她不夠禮貌。」姊妹校的老師在我們停留一週後，向我反映。

「抱歉，請問珍在哪些方面需要改進？」我覺得很不好意思的問。

「珍吃完晚餐後，就回到自己房間。上週日，接待家庭帶她外出用餐時，她直接戴起耳機，也不跟他人互動。」

天哪！這太沒禮貌了。於是隔天我趕快找珍過來詢問，得知她覺得自己英文不夠好，很難和接待家庭深談，所以盡量想辦法避開對話的機會。這樣不僅造成失禮的觀感，也失去了交流與學習的機會。

「老師，我常常不知道該如何回答他們的問題，不知道該聊多久，也不知道要如何開始一個話題。」珍的英文程度沒問題，問題在於她「不會聊天」。「來，老師教你如何聊天。你每次回到接待家庭，他們是不是都會先問你『How's everything going today?』」

「差不多耶，都是問我今天過得如何。但我一想到要詳細回答，會占用許多時間，就愣在那裡。」

「其實這個問句就像『How are you?』一樣，只要回答：『Fine, thank you. And you?』就可以了。當然，也可以加句『It's a long day. I had a good time.』或『I feel kind of tired.』總之，這種回到家的場合，和在學校巧遇老師，或是

在派對碰到陌生人一樣，對話都在五至三十秒內結束，西方人稱為small talk（寒暄），若有較長的故事要分享，可以等吃飯時或飯後，好好的聊。」

「懂了，原來有這個區分。」

「像我住過十幾個寄宿家庭，飯後我們一定會聊一聊，有時候聊個十分鐘，大家就進房忙自己的事，有時候可以聊到半夜，甚至開瓶葡萄酒暢談。」

「哇！你們都聊什麼？我要如何增進『聊天力』呢？」

增進「聊天力」的HAPPY原則

「『聊天力』？呵呵，有意思，我自己發明了一個HAPPY原則：『幽默放鬆（humorous）』、『好奇發問（ask）』、『準備自己（prepare）』、『同情關懷（pity）』、『你的相關（yours）』這五項要訣。」

「『幽默放鬆』？嗯……真的耶，我發覺美國人大都很幽默，他們很喜歡開玩笑。」

「黎巴嫩詩人紀伯倫曾說，幽默感就是分寸感。其實西方幽默的底蘊很深厚。例如我第一次住寄宿家庭，我說自己的英文不好時，我的 Home 媽笑著回答：『如果我的中文有你的英文好，那會是我一輩子最大的成就。』你看，她透過自我解嘲來保護我，所以真正的幽默是智慧，是對環境的友善，對劣勢的包容。」

「老師，這太難了啦！」

「呵呵，沒關係。你可以從『誇大稱讚法』開始練習。例如我會對胖胖的外籍老師說：『你是世界上最性感的聖誕老公公。』對來訪的比利時校長說：『不好意思，我很好奇，歐洲的高中校長都像你一樣英俊、博學嗎？』每次我一認真講完，大家都哈哈大笑，彼此的距離也馬上縮短了。」

「老師，這種『誇大稱讚』比較容易學。那要如何『好奇發問』呢？」

「其實『好奇發問』是國際交流最有趣的一部分。例如一位加拿大朋友到台灣後，問我：『為何台灣晚上九點，商店都還開著？』我才知道很多西方國家，晚上八、九點，商店就全關了。外國友人的好奇，常會幫我換一雙眼，重新認識自己的國家。相同的，我到了德國，也會好奇的問接待我的老師：『為何德國的火車和地鐵都沒有閘門？』他十分熱心，每天跟我講一種複雜的德國火車文化，讓我學到超多的。」

「有意思，發問真的是很棒的聊天力，那麼老師，請問什麼是『準備自己』呢？」

「就是要事先準備，用最精簡、有趣的方式，介紹自己和自己的家鄉。例如老外常搞不清楚台灣與泰國，更搞不清楚中國與台灣的關係，如果對方有興趣，可是你無法用兩分鐘講清楚，聽的人大概就呵欠連連了。」

「老師，這有難度耶！」

「當然，所以在出國前要事先練習。這也是為什麼甄試遊學團員時，我會問類似的問題。」

「謝謝老師，那什麼是『同情關懷』呢？」

「我舉個例子，二〇〇〇年我帶學生去溫哥華。一天下午兩點，看完溫哥華觀景塔後就沒行程了，導遊問我要不要喝杯咖啡，我看她有心事，就陪她喝一杯。我問她是否有事煩心，想不到她的眼淚馬上像關不住的水龍頭。原來她讀高中的女兒在吸毒，傷透她的心。那一天幾乎都是她在講，我只需要靜靜的聽，表示同情與關懷。最後我們整整聊了十個小時。最後幾個小時，我都忘了自己講的是英文。原來，真正的聊天，是用心聊，那是超越語言的。」

「老師，我聽了好有感！現在我想聽HAPPY原則的最後一個──『你的相關』。」

「哦，這又要講一個跟毒品相關的故事，二〇一二年，我住在波士頓的寄宿家庭，晚上他們住新墨西哥州的友人來訪。當我知道他曾在墨西哥的大學任教，便聊起幾個月前在墨西哥西部，被毒梟殺害的女市長。他很驚訝也很高興，因為一個東方人，竟然會關心他家鄉的新聞。我們從美墨的毒品交易，聊到美國如何扶植中南美洲的親美政權，甚至引發內戰。那一晚我們竟聊到凌晨三點！」

「哇！老師，你英文好好。」

「說真的，我的英文聽說能力，都是靠聊天變好的。其實英文素養不等於國際素養。就像我曾帶英文非常好的老師出國，但因為個性比較拘謹，無法和姊妹校老師聊天交流，最後便無法成為學校國際教育的生力軍。我帶遊學團出國十幾次，發現適應最好、最被外國友人喜愛的，往往不是英文最好的學生。所以千萬要記得，國際素養的核心是適應力（adaptability），而適應力的核心是『聊天力』。當你有能力與國際友人好好聊天，才有辦法精進語言，一起解決困難，甚至一起合作。」

「老師，我懂了。明天起，我不會再因為害怕而裝孤僻。吃完晚餐，我會留在餐桌聊天；外出時，我也會摘下耳機。」

「太棒了，我很高興你願意改變，也願意陪我聊這麼久。」

「所以，老師，我已經有『聊天力』了嗎？」

「呵呵，只要你記得HAPPY原則：『幽默放鬆』、『好奇發問』、『準備自己』、『同情關懷』、『你的相關』這五項要訣，很快就能擁有聊天的國際素養囉！」

第三章

動力

找到自己想要的，學得最好！
升學考試不是學習的終點，而是起點，
在學習路上找到對話的對象，
並做好職業試探，在世界的缺口，找到你的出口。

找到生命的「王冠」——「為他人而活」

在法國享盡人間奢華的溫莎公爵，有次突然在悠閒的牌局中，眼神黯淡的說出「I need a job（我需要一份工作）」……。

每個人都需要一份工作

「老師，讀書好無聊哦！活著到底有什麼意義？難道就是考上大學，畢業工作，然後為名、為利、為位置拚盡一生？我好苦惱。」

學生秉翰（化名）是個才氣縱橫的大男孩，然而因為心思細膩，鎮日鬱鬱寡歡。秉翰對生命的叩問如此嚴肅，他的問題逼我開始反思哲學三大終極問題：「我是誰？我從哪裡來？要到哪裡去？」

我知道名、利、位置絕對不是生命的終極意義，但卻找不到說服他的工具。直到有天，我與女兒一起追劇，看到 Netflix 歷史劇《王冠》（*The Crown*）中溫莎公爵的故事，終於找到了答案。溫莎公爵是英國女王伊莉莎白二世的伯父，他原是喬治五世的長子愛德華八世，一九三六年一月，喬治五世駕崩，四十二歲的他因此即位。

一九三六年十一月，愛德華八世想迎娶離過婚的辛普森夫人，但根據英國國教的教義，這是不被允許的。連原大英國協澳洲、加拿大和南非等國政府，也群起表示反對。最後，為了怕引起憲政危機，愛德華八世於同年十二月選擇退位。繼位的弟弟（即伊莉莎白二世的父親）賜給他溫莎公爵的頭銜，以及終身享用不盡的俸給。

溫莎公爵說：「我發現，無論我多麼願意履行國王的責任，在得不到我所愛女人的幫助和支持下，去承擔如此沉重的責任，這是不可能的事。」這就是有名的溫莎公爵「不愛江山，只愛美人」的故事。

所以說，對溫莎公爵而言，「名、利、位置」都不是他生命追求的意義，「愛情」才是。然而，「愛情」能支撐他一生嗎？

在法國享盡人間奢華的溫莎公爵，有次突然在悠閒的牌局中，眼神黯淡的說出「I need a job（我需要一份工作）」這個需求。他的經歷告訴我們，世間所有的浮華與愛情，都填補不了生命的缺口，而那幽微的缺口，竟然是「一份工作」。

但，那是怎樣的一份工作呢？

與人聯結的生命才有意義

日前我在一間公立醫院，遇見多年不見的老同事，他身穿黃色的志工背心，熱心的服務看診民眾。打完招呼後，得知他五年前退休，開始過著「夢寐以求」的悠閒生活。記得他退休前曾悠悠的說：「退休後，不需再每天被鬧鐘叫醒，還可以像閒雲野鶴，環遊全世界，這是我一生最大的夢想。」

「剛退休的第一年，我出國旅遊四趟，還每週去溪頭健走兩天。原以為這就是天堂，然而到了第二年，當我人在機場等待班機時，突然覺得心好空。」老同事滔滔不絕敘述他退休後的心路歷程：「以前出國前會充滿期待，前一晚會高興得睡不著覺；但那一次還沒出去，我就已經想到回程時吃飛機餐的疲憊模樣。當下我慌了，如果連出國都無法令我興奮，那我還能找到什麼快樂？還好，老伴介紹我來這裡當志工，我現在每天至少可以幫忙二十個人看診或探病，看到他們感激的說謝謝，甚至恢復健康後，主動要加我LINE，我就覺得好快樂。相信嗎？這比在巴黎左岸喝咖啡還快樂！」

「你看，我這件背心。」老同事展示他背心下擺咖啡色的血漬：「上個月有位老人早起運動被撞，送進來時剩一口氣，我看他手上戴著佛珠，知道他是佛教徒，便握著他的手，在他耳邊誦唸佛號，一直唸到他鬆開我的手。他的兒女趕來時，本來哭得痛不欲生，但當醫師告訴他們我的陪伴後，他們竟一起握著我的手，哭著說謝謝。他們說，因為我，他們的父親不是孤孤單單

的離開。那一刻我才發現，我背心上所沾的血，竟是光榮的標記，標記我現在的日子，過得好有意義。」

老同事說出「意義」兩個字時，彷彿是對生命的一錘定音。如同奧地利心理學家佛洛伊德所說：「精神健康的人，總是努力的工作及愛人，只要能做到這兩件事，其他的事就沒有什麼困難。」原來，「生命的意義」是這麼簡單，就像寫一個「仁」字，一個人不夠，要兩個人產生聯結，才有意義。

溫莎公爵真的需要一份工作，但他需要的工作，不是像漢靈帝或宋少帝開「宮中市」玩樂，因為所有不能利世濟民的工作，都不會產生意義。當人活著失去了意義，所有錢財就化為糞土，連在巴黎左岸啜飲最好的咖啡，都如飲苦水。

立志當立凌霄志，人生無刻不飛翔
——自己想要的，才學得好

老師，我飛回來了！
麻煩告訴學弟妹：
自己想要的，才學得好。
重點是，你知道自己要什麼嗎？

有目標，才有動力

在美國空軍官校畢業典禮，當唱名到「台灣」時，學生劉欣學用力揮舞中華民國國旗，自川普總統手中接下畢業證書。甫抵達國門，欣學就回到母校探望昔日師長。一見到他，我有好多問題想請教：他如何爭取到留美的機會？他承受了多少壓力？他是怎麼撐過來的？

原來欣學在二〇一四年看了台灣軍教片《想飛》，看到男主角駕駛我國自行研發的IDF戰機翱翔天際，便毅然以飛將軍為一生職志。

高二國防課時，教官告訴欣學，如果讀軍官學校，可以被國家派到美國軍校就讀，而第一志願就是美國空軍官校。欣學想到可以一次滿足飛行與留學兩個大夢，整個學習的動力都來了。

空軍官校挑學員赴美受訓，每年僅三個名額，分別是美國空軍官校、維吉尼亞軍校，以及色岱爾軍校各一名。欣學九月入校後，空軍官校即開始甄選英文及數理成績優異、有意願參加托福或SAT測驗者，成立英專班。欣學順利通過甄試，進入專班，由空軍官校外文組實施訓練課程，於次年一月前完成托福及SAT考試。成績達標後，呈報國防部，再轉交美國在台協會，進行面試及體能測驗。通過後，再送往美國空軍官校評審委員會，與世界各國學生評比（不一定可以選上），過關之後，才有機會於六月赴美留學四年。

所以欣學大一時就開始拚，因為他不想與公費留學的機會擦身而過。為了考SAT，欣學在校外自費進修英文課程。SAT I—推理測驗（Reasoning Test）考三科：數學、實證式閱讀、寫作。SAT I的英文很難，一開始欣學有一半的生字都看不懂。我問他為何能夠咬牙苦讀，最後通過入學門檻？欣學爽快回答：「自己想要的，所以學得好。」

找到讓自己怦然心動的理想

到美國受訓，是一個全新的環境，比較挫折的是語言。欣學說：「台灣英文教育主要在考卷解題，上課也很少有聽、說練習。所以我一開始去美國，大概只聽得懂四成。入伍新生訓練時，有看過美國電影的人應該稍微知道，就是很多學長吼來吼去，然後都聽不太懂，但一想到『這是我自己想要的』，抗壓力就增強了。」

美國空軍官校是名校，很多同學放棄常春藤大學進來，大家都是文武全才，所以課業充滿壓力，加上欣學在官校讀的是電腦工程學系，因此挑戰更大。但他在美國見識到F－16戰機的強大，加上台灣F－16升級F－16V成案，整個電腦系統將更加先進，台灣即將擁有規模稱霸亞太的兩百一十架F－16V機隊。一想到日後可以駕駛暱稱「毒蛇（Viper）」的F－16V，他的抗壓力更強了。

欣學自高二起一路尋夢、圓夢，他覺得高中是一個非常迷惘的時期，要煩惱以後上什麼大學？讀什麼科系？但他認為在高中階段不要只讀書，而是多走走看看，慢慢去發現自己喜歡的東西，深入研究自己喜歡的事。若能因此找到自己的夢想，不僅可以增加本身學習的動機，也能夠幫助自己考上理想的大學。

事實上，英國的大學預科（foundation year），一〇八課綱的自主學習與多元選修，以及台灣愈來愈多的大一不分系設計，就是希望學生在摸索後，找到自己想要的。然而，台灣高中生的讀書動機是隔天的小考；升上大學後，小考不見了，加上外在活動變多，大一往往是最難定心讀書的一年。結果大一成了「青春的報復」，導致許多大學畢業生出社會後，發覺自己的能力達不到職場需求。難怪根據1111人力銀行調查，受訪企業對新鮮人接受度，逐年降低，單單在二〇一六年，就比二〇一五年掉了一九％。

欣學在受訪快結束時，有感而發：「考試不是學習的終點，考試後才是學習的起點。」他也祝福學弟妹趕快進行各種職業試探，找到讓自己怦然心動的理想，然後為這理想受點傷、流點汗，讓它成為學習的核爆點。

真的，當你被大考、小考搞得死去活來，即將厭倦書本前，請記得，學習這檔事，說穿了就一句話：「找到自己想要的，學得最好！」

中文素養，不只有文字素養——我們必須建造一座文化花園

它們是單音節的爬蟲類，一生草莽
……
在我的島，它們一個字一個字爬上陸地
有些時態來不及變化遂集體永恆
——嚴忠政〈海外的一堂中文課〉

「廖校長，待會兒可以幫我在『禮義廉恥』的大牆拍一張照嗎？」一進入位於大馬南部的居鑾獨中，我興奮的向廖偉強校長提出要求，因為我感覺回「國」了，回到自己「文化的國」。

記得十七歲時，讀到屈原的〈國殤〉：「身既死兮神以靈，子魂魄兮為鬼

雄。」渾身被電得起雞皮疙瘩。後來才知道，那些年的「中文課」，埋伏著一套文化密碼。原來，它藏著其他語文課沒有的「道統」，那是「禮義廉恥」四個大字，是可以直立我為人，也賦予我魂魄入眾生的道統。是這個中文課的道統，讓我從事二十年的社會參與，有了道德勇氣、捨我其誰的使命感。

想不到過了知命之年，竟然在南中國海發現，有一群華人依然奉行中華文化，堅持中文教育，而我到訪的獨中，就是馬來西亞華文教育的堡壘。

在風雨中傳承的華文教育

一九五七年，馬來亞正式脫離英國獨立後，企圖建立一個以馬來語為主的教育制度，因此取消了華文中學的津貼。華文中學被迫改為兩個不同的學校體制：一是接受政府津貼，改制為國民型中學；二是拒絕改制，失去政府津貼，成為華文「獨立」中學。

同一年代，面對相同困境的印尼華僑，雖然喊出「寧願站著死，不願跪著活」的壯烈口號，然而在一九六六年，各地華文學校遭強制封閉後，四十多年來，印尼華人被剝奪華文教育的權利。沒了語文教育，也就沒了文化傳承。印尼近千萬華人的千年文化與道統，也因此斷了。

大馬華文獨中在改制風暴後，陷入經濟困境，但在華人社會「再苦不能苦孩子，再窮不能窮教育」的信仰下，全面發動籌募運動，各種帶「義」字的籌款活動席捲全馬，一所所華文中學漸漸顫巍巍立起。

今日大馬六十加一所獨中（「加一」為新山寬柔獨中古來分校），共有八萬多名學生，是一九七三年學生人數的三倍。然而，真正的獨立，都是蒼茫。在餐敘時，廖偉強校長表示，每年必須籌募近三千萬台幣，才足以讓學校勉力站穩。

參訪居鑾獨中百年校史館時，我看見畢業校友鍾怡雯、黃錦樹等名作家的閃亮名字，知道這風雨艱辛備嘗，都是值得！

大馬獨中今日可以枝繁葉茂，「馬來西亞華校董事聯合會總會（董總）」與「馬來西亞華校教師會總會（教總）」厥功甚偉。獨中採用的是董教總所編纂的高、初中統一課本。董教總就像大馬七百萬華人的教育部，所辦理的統考，受到國內、外大學的官方承認。

學生可以憑統考成績，申請到台、陸、港、新或歐美的大學就讀。然而，董總的副執行長，畢業自台大歷史系的鍾主任，很遺憾的告訴我，唯一不承認統考的國家，竟是祖國馬來西亞。

二戰後，獨中曾使用南京政府的教材。中華民國政府遷台後，獨中大量畢業生到台灣就讀。與居鑾獨中老師餐敘時，發現他們許多人畢業自台灣的東海、台大、政大、輔大等校。他們在台灣受教育，教出的學生，也一批批厚植台灣的土壤。

事實上，大馬的華人正為台灣的文化，灌注大量的源頭活水。歌手光良、品冠、梁靜茹、戴佩妮來自大馬；作家李永平、陳大為、張貴興、黎紫書來自大馬；第二屆《聲林之王》冠軍李艾薇，亦是來自大馬。

華人相連的文化血脈

今日華人享有的自由民主，亦與大馬華人的犧牲奉獻攸戚相關。檳城大山腳日新獨中盧主任、詹老師，以及鍾靈獨中林愛莉老師引領我參觀「檳城孫中山紀念館」，才知國父從一九〇五年起，就在馬來西亞宣傳革命理念，多次到馬來西亞的檳城、太平、怡保等地，撒播革命種子。

在廣州之役英勇捐軀的黃花崗七十二烈士中，就有三十多人來自南洋各地，僅檳城一地就有四位烈士捐軀。為了自由的空氣，大馬華人不僅捐錢，還捐命。

二〇一九年舉行的金馬獎頒獎典禮，更讓我們理解到，先人用碧血染紅的自由，對今日十幾億華人而言相形珍貴。二〇一九年八月七日，中國國家電影局宣布，暫停大陸電影參加第五十六屆金馬獎。受到市場局勢的影響，香港已完成報名的電影也陸續退賽，最終只剩四部香港獨立製片勇敢參賽。扣除這四部片子，二〇一九年的金馬獎，不啻是由新、馬、台的電影一手撐起——那是在烽火四起的困境中，僅存的「華人自由文化圈」。

回台後，大馬朋友提醒我，在第五十六屆金馬獎獲得九項提名、描寫日據大馬的《夕霧花園》。片中講述一對華裔姊妹，受困於二戰中的日軍戰俘營；戰爭結束後，逃出的姊姊決定為妹妹建造一座紀念花園。事實上，一九四二至一九四五年日治時期，是馬來半島教育史上最黑暗的時期。許多華校教師和學生，因參與抗日活動而慘遭殺害。單單林愛莉老師服務的鍾靈獨中，就有四十幾位師生殉國。

是的，台灣與大馬華人相連的文化血脈，正在澆灌一座花園。在園裡，中文道統之路仍漫漫其修遠兮，但我們的文化血脈，仍將在每一個象形和轉注上下求索，繼續用自己的語言凝神讀寫，就像詩人嚴忠政在〈海外的一堂中文課〉詩末的祝福：「巫術在我們手裡變成情書／天地行禮如儀」。

找到夢想的邏輯，突破貧窮！

夢想的邏輯是「學習」、「實力」、「時機」、「人才」、「危機處理」，而不是硬幹。

抓住朝夢想前進的機會

兩年前到史丹佛大學，我對引導我們參訪的黃博士非常好奇，忍不住問他：「在美國讀書很貴，你是怎麼負擔的？」

「呵呵，你知道我出身一級貧戶嗎？」

「怎麼可能？」我不可置信。

「由於沒錢讀書，所以我只好先讀中正預校，再讀陸軍官校。因為一直有出國留學的夢，我努力尋找外派的機會。一次到美國受軍購培訓時，我努力表現，受到一位美國將軍的賞識。退伍後，我靠著他的推薦函，進入柏克萊大學讀電腦博士，之後才被挖角到史丹佛大學做研究。」

黃博士的故事，讓我聯想到黑鷹直升機墜機殉職的參謀總長——沈一鳴上將。沈將軍的父親因工安早逝，母親、妹妹都是聽障人士。身為長子，沈將軍為減輕家庭負擔，國中畢業就進入空軍幼年學校（今中正預校）就讀。但他仍專注學業，爾後以空軍官校第一名畢業，並取得美國空軍戰爭學院碩士學位。

黃博士和沈將軍都靠著國軍的資源，取得到國外深造的機會。然而，從軍並非打破貧窮限制的唯一法門，例如一窮二白的學生筑芸（化名），就是循著其他途徑，取得到英國讀博士的機會。

筑芸中學時，曾因為家境困難繳不起學費。得知她的困境後，我幫她繳交每次模擬會議的報名費。筑芸並未被貧窮打倒，她研究公費留學的資料，發覺每年只有二十多人報考的「女性議題」，算是相對容易錄取的一項，因此大學時便特地研讀相關科目，最後終於如願考取公費留學，拿到逾五百萬元的獎學金。

勇敢做夢，按部就班去實踐

其實，只要找到夢想的邏輯，連創業都可以突破資源的限制。

例如在二〇一九年門市數超越星巴克的路易莎咖啡，其創辦人黃銘賢創業時的夢想很簡單，就是做出吸入鼻腔、留在嘴巴都要香、最適合台灣人的拿鐵咖啡。但這個夢想邏輯的背後，是黃銘賢先喝遍全台灣值得去的咖啡館，接著到星巴克工作學習，再去義式企業當業務，學習原物料、管理與物流。然後他花三年拆解豆種、烘焙度、比例、濃縮咖啡機種等，反覆試了上千次配方，每天泡一杯咖啡給父親喝，讓父親相信他絕對不會放棄。最後他才在二〇〇六年，拿了三十九萬元，在五坪大的小店創業。因為沒錢，裝潢、鋪地板、刷油漆、配水電，他都必須自己來。

開幕第一個月，生意還可以，但第二個月遇到高溫，只好推出冰沙跟冰茶，業績回來了，但第二天幾乎沒客人，原來7-11「CITY CAFE」推出桂綸鎂的廣告。黃銘賢不想被價格戰打敗，只好用最好的原物料去做早餐跟卡啦雞腿堡，終於咖啡的銷售又多了三分之一。二〇一二年開放加盟，但黃銘賢知道，只想衝店數賺快錢，是不對的，正確的「夢想邏輯」絕對是從品質出發。所以他將一般咖啡加盟店七天的培訓期，延長到三個月，而且必須經過五到八次的考試。二〇二〇年遇到新冠肺炎疫情，人們不出門，業績直線下降，黃銘賢便推出買五杯打八折的活動，業績又成長兩到三成。

黃銘賢準備了三年才開第一家店，他在開店之前，已經把所有事業的夢想邏輯寫好。現在夢愈做愈大，二〇一九年在台灣展店超過五百間，並在海外開了第一間加盟店，要成為世界看見台灣的驕傲。然而他很清楚，夢想的邏輯是「學習」、「實力」、「時機」、「人才」、「危機處理」，而不是硬幹。

或許「資源貧乏」是許多人無法做夢的限制，但從黃博士、筑芸到黃銘賢的路易莎咖啡，都可以證明，只要你築夢踏實，找到夢想的邏輯，按部就班去實踐它，你也可以走遍五湖四海，甚至成為台灣的驕傲！

在世界的缺口，找到你的出口

世界的缺口，是學習的出口。
世界的缺口，是創意的出口。
世界的殘缺，是我們一生一世，唯一的出口！

我到多倫多簽姊妹校時，巧遇在該校工作的台灣留學生Angela。她是台科大的高材生，聊起台加兩地的教育差異時，她興奮的與我分享自己在多倫多研究所上課的第一週，指導教授與她的對話：

「你為什麼來加拿大讀研究所？」

「學程式跟ＡＩ啊！」

「那你學程式跟ＡＩ要做什麼？」

「嗯，先學會，以後就用得著了。」

「不，不行，下週你一定要告訴我，你學這些，要如何應用於真實生活？想要解決世界什麼問題？」

教授的震撼教育，逼迫 Angela 深深反思。似乎從小到大，沒有人叫她將「學習」與「解決世界問題」之間做聯結。Angela 依照教授的指示，研究多倫多正面臨的問題，發現多倫多高齡化問題很嚴重。在二〇一六年，六十五歲以上人口超越十四歲以下人口，而且有三分之一的家庭由一人組成，老人的生活愈來愈孤獨，而且養老院床位嚴重不足。有時等一個床位要超過十年。所以 Angela 就將「補足多倫多的長照缺口」當成她論文創意的出口。

Angela 構思，要用ＡＰＰ成立一個「長照平台」，像 Uber 一樣，供應端和需求端可以在此媒合。但 Angela 發現，需求端遠大於供應端，長照的專業人口嚴重不足，要如何補足呢？

EXIT

看見他人的需求與自己的責任

Angela研究發現，多倫多是全世界前五大移民城市，從二〇一八年起，難民不斷湧入，現在多倫多已經無力招架，甚至市長都寫信給聯邦政府求援。她心想，這些世界的缺口，可能是彼此的出口，如果她的APP可以提供管道，讓失業的難民找到培訓管道，成為最基層又便宜的長照人力，那一定可以造福許多人。

當論文有了樣子後，Angela開始向大企業與新創公司提案，很快得到了資金的挹注，現在她和研究所的四位同學成立公司，成了年輕的CEO。當然，要進入商業模式，並且開始營利，還要一段漫長的過程。

我上週和回台的Angela通話時，她也提到：「我們四個都是學工程的，還需要行銷人才、法務人員、醫療專業人員，才能成為一個專業團隊。但沒關係，這是一個世界的大缺口，因此我們有極大的學習出口與成長出口。」

Angela的話讓我想到，自己過去這幾年的學習，似乎也是循著這個「缺口、出口」模式。如果不是為了填補家庭經濟的缺口，我應該不會這麼拚命去學習與謀職；如果不是看見環境保護的缺口，我不會走入社會參與；如果不是看見學生做中學的缺口，我不會指導這些社團。我的生命也在補足這些缺口的過程中，找到了生命的出口。

或許，我們的生命就像易經的最後一卦，未濟卦。因為未填滿，需要我們用力填補這個缺口，所以六十四卦的循環，永遠生生不息。

世界或許殘缺不全，但這也是其最大的恩慈。若能從社會的缺口中，看見他人的需求，也看見自己的責任，我們的生命一定更容易找到出口。

年過半百，我終於了然：

世界的缺口，是學習的出口。

世界的缺口，是創意的出口。

無須再去抱怨世界的殘缺了，因為這個殘缺，是我們一生一世，唯一的出口！

修練「魔法師」素養——社團的「內在英雄」之旅

不管是在社團，還是在待退中年，
我們都應該時時保持天真，保持學習，
不斷進行自己內在英雄的修練之旅。

社團經驗是栽培自己的養分

有一次，我與二十多年不見的大學老同學，在台北久別重逢。她從英文系畢業後，留美讀了心理學，在職場上起起伏伏；現在成了外商銀行的培訓經理，常常要飛到新加坡和英國，用英文培訓世界各地的主管。我問她如何一路栽培自己，過關斬將，打到商場的奧運賽（她自己的形容語）？

「社團經驗幫助我最大。」老同學不假思索說。她大學時參加基層文化服務隊，因為社團傳承得好，所以成了社員學習的天堂。

「我們那時要下鄉，甚至要勞軍，說、學、逗、唱、編、演、跳，都必須在短時間內學會，大家的學習力、耐挫力、溝通力、台風，都因此奠下根基。」老同學說得興高采烈：「最重要的是，我們勇於做大夢，勇於接受挑戰，你知道嗎？同屆阿亮（卜學亮）編的段子，到現在還在演。那一年我們公演自編的段子時，還邀到國樂社大團，整場伴奏。」

「可是現在的學生，愈來愈不願花時間在社團。」身為七個社團的指導老師，我說出心中的憂慮：「還有，現在大學的社團，大都活得沒以前好。」

老同學回應：「好可惜。你知道的，我們今天可以成為行業的『魔法師』，社團的養分，絕對是重要因素。」

「『魔法師』？好棒的詞！」

「你知道我讀過心理學，看過卡蘿．皮爾森博士（Dr. Carol S. Pearson）寫的《內在英雄》（*The Hero Within*），『魔法師』是她書裡提出的詞。」

天真者
鬥士
殉道者
流浪者
孤兒

回家後，我趕快搜尋美國教育學家皮爾森所著的《內在英雄》。在這本書中，皮爾森將一個人的內在英雄之旅，分為六種生命原型：一開始是絕對好奇、全然信任的「天真者」，然後慢慢步入對安全感渴求的「孤兒」，接著是自我犧牲的「殉道者」、探索的「流浪者」、競爭的「鬥士」，最後是本真合一的「魔法師」。

內在英雄之旅的六種原型

帶領學生社團多年，我覺得一個學生要淬鍊成大將之才，真的要經歷過這六種原型。

高一社員剛入社時，充滿好奇，是完全信任學長姊的「天真者」。但當發覺社團並不是一個人人得寵的環境時，他對學長姊的信任也慢慢瓦解，並因此成了缺乏安全感的「孤兒」。

皮爾森博士告訴我們，一個感到被背叛、被遺棄的「孤兒」，千萬不要絕望，因為這是一個「神話事件」的開始。許多神話裡的英雄，像是小時候被生父挑斷腳筋的伊底帕斯[3]；或是為人類盜火，因此被綁在高加索山，每日忍受風吹日晒的普羅米修斯，都是在被神遺棄後，勇敢接受挑戰，最後學會施予，成了願意為別人犧牲的「殉道者」。

這時候，社團的「殉道者」因為尚未學會時間管理，學業成績受到影響，所以會對自己超過他人的犧牲感到懷疑，甚至產生退社的念頭。因此，矛盾掙扎的「流浪者」原型就會出現。

然而，一個有使命感的「流浪者」，內心會出現一個聲音：「社團已經沒人在處理危機了，如果我不選擇回來扛起責任，誰會？」此時，「流浪者」找回了高貴的騎士精神，願意跳出來接受挑戰。被學長姊選為下屆幹部後，便進入下一個原型——「鬥士」。

3 作者注：Oedipus，希臘文意思是「浮腫的腳」。

「鬥士」必須行動、決策、領導、改革、創新，然而，「改革與創新」亦意味著「衝撞與破壞」，常會招來同儕的質疑。所以皮爾森說：「要正向發揮『鬥士』的原型力量，而不讓它成為無意識的侵略者。」

此時是社團的最大學習期間。「鬥士」必須有紀律的學習、系統性照顧整個社團，才能找回「殉道」的特質，不再讓意志流浪。最後，在一次次的任務完成後，得到能力與安全感，開始相信自己擁有解決問題的魔法，成為能量合一的「魔法師」。

然而，內在英雄的修練之旅，是永不停歇的。魔法師在達到社團高峰後，必須小心處理其內在陰影——驕傲。許多社團領導者久居高位後，會膚淺的以為自己全知全能，常講出一些連自己都無法信服的話，這時候，他就必須找回「天真者」的原型，重新找回好奇，再走一趟內在英雄的學習之旅。

記得有天在台北大安區的小咖啡廳內，老同學為我介紹服務的咖啡師：「這是我弟弟，本職是精神科醫師，他喜歡研究咖啡，和太太開了這家特色咖啡屋，醫院下班後，就會來這裡煮咖啡，學咖啡。」

我啜飲一口「醫師咖啡」，興奮道：「你弟弟就像我們兩個一樣，很天真，很喜歡學習。」

「對對對！要保持天真，保持學習，」老同學似乎又回到了大學時的意志昂揚：「像我現在，仍不斷迎接挑戰，也不斷從挫敗中學習，因為我跟自己講，要打一場人生的奧運。」

老同學的話點醒了我，原來不管是在社團，還是在待退中年，我們都應該時時保持天真，保持學習，不斷進行自己內在英雄的修練之旅。然後，我們才可能再次成為好奇的「天真者」、對安全渴求的「孤兒」、自我犧牲的「殉道者」、探索的「流浪者」、競爭的「鬥士」，最終再走到本真合一的「魔法師」。因為永遠有新學的魔法，所以不怕打一場，人生的「奧運」！

隧道的盡頭一定有光

原來青春
是一條漫長的隧道
只要不跳車，堅持在軌道上
最後天光雲影一定會進來

電視台要我寫一封信給十七歲的自己，寫完了，對當時的青春有點心疼。以下是這封信的內容：

蔡花你好：

你十七歲的綽號真的很搞笑
但為何你搞笑的背後
有那麼多暗黑的心事

在數學課，你永遠是教室的遊魂
考英文，你還要同學罩
你每天除了抽菸打屁，很少看課內書

如果那個時候有人告訴你
你可以因為找到讀書動機
因此成為一個被尊敬的讀書人
你當時一定不會那麼挫敗

你那個時候最大的願望

就是交一個女朋友
但你永遠是外貌最普通
最不懂得撩妹的魯蛇

如果有人告訴你
好的女生選男生
看的是善良的堅持，以及一顆上進的心
你那時一定不會那麼沒自信

你那個時候最慘的
是被同學叫到廁所後面
被四十個人圍在中間
放話要每天堵你
你開始每天帶刀子上學

如果那個時候有人告訴你
你只要找師長求援
他們都會立刻幫你解決
你就可以省卻那麼多無謂的害怕了

你十七歲開始做砍人的惡夢
到四十二歲才停止
現在才知道
你那時的恐懼和恨意，有多深

寫信給你，想告訴你
要謝謝你沒揮出那一刀
你一直在背叛中痛苦
但你沒停止學習愛，離開恨

原來青春
是一條漫長的隧道
只要不跳車，堅持在軌道上
最後天光雲影一定會進來

我現在過得很好
不怕了
親愛的蔡花

這封信看似雲淡風輕，其實每次重讀，都是怵目驚心。原來自己差點成了殺人犯；原來過去「少年維特」的自尋煩惱，都是可以避免的；原來青春隧道的盡頭，有亮眼的天光。然而，所有隧道中的自苦者都曾經以為，自己正陷在無止境的黑暗。

從拒學到找回自信

就像為這本書畫插畫的涓涵，她曾經陷在深深的憂鬱中，甚至拒學兩年。在休學滿兩年，即將喪失學籍的前夕，涓涵的媽媽推開圖書館的門：「老師，涓涵說你願意教她寫作。」那是涓涵休學前，我給她的承諾。

我對一旁怯生生的涓涵再次保證：「涓涵，你願意寫，我一定教你。」涓涵看看母親，再看看我，猶豫的輕輕點頭。

「太好了！最近有一個《天下》雜誌辦的『天長地久文學獎』，以母親為主題，很適合妳。」我很沒信心的提出邀約。

三天後，涓涵真的交稿了，寫的是她最真實的自己：

休學資格為零的日子，我每天睜著眼，模糊日出日落的美。時間到了，就提起軀殼，削下絲絲靈魂，「再撐一天吧！」打氣的息音殘喘著戰戰兢兢……。

和涓涵三次面批後，終於完稿寄出。

一個月後，比賽揭曉，涓涵得了第三名。在台北領獎後，涓涵傳來與頒獎人作家龍應台的合照，看見照片裡眼睛清亮的她，我很難想像，才不久以前，她連出門都有困難。

爾後，涓涵學舞、學畫，她似乎看見隧道後的光了。

在去年的校慶園遊會，涓涵幫忙教她畫畫的「畫話協會」義賣，看到她的習作有模有樣。我再次大膽提出邀約：「你只要繼續畫下去，我明年在親子天下的新書，插畫就由你來畫。」

涓涵第一次寄來的作品筆觸稍嫌單調，寄給出版社，沒有過關。我建議她自學電腦繪圖。幸好涓涵的心理素質已超越過去，願意再試一次。

昨日收到電腦繪圖作品，作品的飽滿度好多了，趕快寄給主編。「老師，OK，我們會採用，也會編列一些稿費給她。」佛心的主編馬上回覆。

耶！太棒了！我快樂得多巴胺大量出現，腦海中出現涓涵十年、二十年後的樣子。她會不會像我一樣，因為有了自信，找到自己，可以靠自己的腳走出隧道，甚至找到能相守一生的愛人？這我不知道，但我好想跟所有正經歷「慘綠青春」的朋友說：「青春，是一條漫長的隧道，如果你覺得再也忍受不了無止境的暗黑時，記得要對身旁的朋友、親人、老師，發出呼救聲，要不停的發出聲音，你的聲音才會被聽到，也才會有人陪你走向光亮。」

在陪伴中走向光亮

這個寒假，我決定再陪一位學生走向光亮。

寒假時，看見 Wyin 在IG上不斷發布自傷的照片，轉眼間，手臂已累積二十幾道刀痕。一開學，我馬上約談一臉蒼白的她：「只要你願意活下去，我願意陪你走。」

Wyin 真的固定每週走進圖書館，和我談寫作、談憂鬱，也談未來小小的夢。這兩個月，Wyin 拿到了文學獎大獎，IG上出現負面情緒的頻率也降低了。昨日她傳來訊息：「月考後，我想寫台積電文學獎的作品，再麻煩老師指導囉！」

這訊息不啻是一個榮耀的邀請，一個邀我一起行走，甚至一起奔跑的邀請，如同涓涵得獎作品的最後一段：

看著我青春的奔跑，跌倒，站起，再奔跑，再絆倒。一天又結束了，她拍拍我的膝蓋，繼續陪著我。我停止吶喊，因為知道有一個永遠不會丟下我的母親，像嬰兒時牽著我的手，一步一腳，蹣跚向前，一步一腳的，陪我，第二次習步……。

「第二次習步」，這講得真好！

青春，真的不要怕跌倒。跌倒了，大聲哭，用力叫，都沒有關係。但請記得，找到願意陪你走的人，陪你跌倒，站起，再奔跑，再絆倒，再繼續向前。然後，你一定會走出暗黑的隧道，等到很多很多年後，在一個陽光灑滿你全身的午後，也寫一封信給自己：

我現在過得很好
不怕了
親愛的自己

化職業為志業！
——提早做職業試探

懂得享受工作的愉悅，成功已在其中。

——亞里斯多德

考上好校系，不保證有好工作

女兒上週開大學同學會，有好幾位同學已經考上公務員，這些傳統印象中的人生勝利組，其中竟然有一位哀怨的說：「我每天的工作竟然是幫民眾辦理退休，我還這麼年輕耶！想到未來三、四十年都做類似的工作，我真的會瘋掉！」

哇！那公務員到底是好工作？還是壞工作？

其實這世上沒有絕對的「好」工作或「壞」工作，只有「適合」與「不適合」的工作。例如喜歡挑戰與創造性工作的人，就不適合當基層公務員；但喜歡安定的人，就很適合。

社會對年輕人的期待，一般是讀好書，上一所好學校，然後進入社會找一份職業。然而，一個再好的校系，都不見得是「好」職業的保證。

一位畢業自全國第一志願的學生S，進入職場後處處碰壁。日前他回校向我求救：「老師，我畢業後好慘！」我問他到底發生什麼事？

他說：「因為學行銷，我應徵的工作都以行銷為主。然而，因為我的能力真的不在這裡，所以業界需要的行銷核心能力——文字、影片製作、電腦繪圖，我都沒有。」

雖然說大學不是職業訓練所，但像S一樣，畢業後才發現自己缺乏職場能力的現象，其實是可以避免的。想要避免這種猝不及防的畢業斷層，就必須提早做職業試探。

德國與新加坡的孩子，十歲前便開始做職業試探，小學五年級後的課程，便依試探的結果分流。德國的IB課程，更是納入兩星期的打工。學生必須自己探索、提案、工作後寫報告，以了解自己的職場性向。

這樣的性向超級重要。以我自己為例，高中時以為自己適合讀法律或商科，上大學後讀了商業法，才發覺那是自己完全進不去的文字邏輯，當下自覺好險，真的好險，如果我當年三民主義再多兩分，就會進入完全不適合我的法律系了。

職業、事業、志業

一樣是工作，如果只為了掙得五斗米，那就是「職業（job）」。像我以前做了快兩年的進口貿易，總覺得自己是拿時間換金錢；第二年做重複的工作，就是開完信用狀，進貨再賣貨。我不禁發出和女兒同學一樣的哀叫聲：「我還這麼年輕耶！想到未來三、四十年都做類似的工作，我真的會瘋掉！」

當我進入補習班，發覺自己喜歡上台的感覺，而且收入瞬間十倍成長，覺得可以把它當成「事業（career）」。但在補習班，我像個知識的商人，只能授業，無法傳道與解惑。教了幾年後，經濟基礎是穩定了，卻覺得愈來愈累，愈來愈害怕上台那一刻。那時我才發覺，原來賺錢的事業，如果讓人覺得度日如年，也是一件很悲慘的事。

等到考進學校，可以真正參與學生的生命，每天都有狂喜。我可以長時間陪伴學生，甚至與他們一起創立社團，工作時間不斷拉長，而且都是無酬的付出，我竟然不會疲累，而且愈做愈快樂。那一刻我終於知道，我找到了我的「志業（calling）」。志業就像是它的英文——內心的呼喚，所以一切是自發，是不會疲累的原力。真正的志業，一定會愈做愈快樂，也會愈做愈好。

許多人問我，過了知天命之年，會想退休嗎？我會回答：「當你每天被夢想叫醒，你會想離開你的工作嗎？」

我有位老朋友，非常痛恨教書，等到他離開講台，開了間小餐廳，可以做出美味的餐點，讓他覺得每天充滿活力，活在酸甜苦辣的天堂中。然而，若要我每天面對湯湯水水，我會自覺如臨刀鋸鼎鑊，苦不堪言。

人心不同，各如其面。每個人興趣不同，志業也一定不同，我們一定要傾聽心底的鼓聲，走到讓自己一往無悔的舞台。在那裡，我們才能自在飛舞，最後被世界打上聚光燈，享受世人的掌聲。

或許要找到一生志業，是一條上下求索的迢遠之路。學生可以詢問輔導室的老師，可以提早打工試探，可以詢問職場達人，更可以主動搜尋網路資料。總之，出發，愈早愈好！

美國喜劇演員喬治．伯恩斯（George Burns）曾說：「寧願失敗的做你喜愛的事情，也不要成功的做你討厭的事情。」但我想改為：「提早做職業試探，你就能做你喜愛的事，也會找到你的成功，以及一生的喜悅！」

第四章

態度

「自主學習者」是「終身學習者」的前身。
從 Ordinary 到 Extraordinary，
真心對人，重視細節，履行承諾。
青春，是長出自己品牌的過程！

只有不想追，沒有追不上——「自主學習者」是「終身學習者」的前身

根據史蒂芬・克拉申的學習者起始理論「i＋1」，i是學習者當下的能力，教學根據i來＋1最有效，但一個班那麼多不同的i，要如何＋1？除非，每個i都願意成為「自主學習者」！

我在高一多元選修寫作課，分享高三學姊琴的散文：

將回憶揉成好幾團廢紙，扔進沒有鑰匙的鐵盒裡，任其黯淡。我遇見誰都像是遇見心慌，把善良誤認為下一次謊言。

後來才懂得，模糊只是一種精緻的藝術……。

琴將曖昧情傷的少女，描繪得揪心，高一的學弟妹你一言，我一語，很挫敗的自嘆不如。

「老師，學姊把你講的虛實雜揉、對比矛盾、意象系統，用得好好！」

「老師，學姊太強了！我們追不上啦！」

事實上，琴高一時，也以為自己永遠追不上。

三年前我教英文時，總會ABCD唸到一半，偷偷跟同學說：「其實老師很喜歡寫作，如果你們有興趣，可以跟我約時間，在中午、放學後，我都可以教寫作。」但文學很小眾，績效總是不彰，只好威逼利誘：「來找我學寫作的同學，英文加分哦！」

讀這個班的琴，也和幾位同學與我約時間。結果兩年內，有四位拿到文學獎首獎。但琴的作品，名次總在孫山外。

和琴一樣資質的學生，大多放棄了。但琴不一樣，她屢敗屢戰，聽進所有的建議，讀完所有的書單。後來，她竟然也開始得獎了，最後靠著累積獎項，透過特殊選才，錄取台北的國立大學。

本以為考上大學後，琴會像其他台灣學生一樣，一旦脫離了試場桎梏，就功利的不再學習了，但琴不一樣，身為待畢生，她仍如春燕歸來，寫得更勤了。

最近看到琴突飛猛進，我相當興奮的對她說：「妳的詩和散文都是作家水平了。」

「真的嗎？真的嗎？」琴露出一貫缺乏自信的笑容：「老師，我以為我永遠追不上。」

其實，琴之所以能超越一堆天才，就是透過「自主學習」。

自主學習，態度是關鍵

「自主學習」以學習者為中心。因為每一個人能力不同，齊頭式課程不可能滿足所有學生，所以每一位學生需對自己的興趣加深、加廣，以建立自己的不可取代性。新課綱納入了「自主學習」，但「自主學習」可能是最有效的學習模式，也可能最無效。

以我自己為例，因為不適應課堂教學，所以考不上頂尖大學。上大學後，依然對大班上課不感興趣，甚至因此六科拿了零分。直到大二時上一門英文修辭，雖然聽不懂老師講的文法，但當身兼影評人的老師講到電影時，我卻聽得心頭發熱。

下課後我常追著老師發問，每週會讀完老師推薦的電影書，也去MTV追片，然後隔週再興高采烈的找老師：「昨天看的費里尼和波蘭斯基到底在講什麼？」老師覺得孺子可教，常在下課後請我吃飯，繼續深談，這是我第一次嘗到學習的喜悅。

略有心得後，我決定小試身手，參加民生報影評比賽。結果竟然拿了首獎，於是興奮的拿獎金請老師吃飯。除了感謝老師，我也抱怨上其他教授的課好無聊。

「教授上課無聊是正常的，」影評老師突然臉色一凜：「但那並不表示你無法從他們身上學到東西。」

我一臉茫然：「老師，你講得好矛盾，上不好，怎麼學得到東西？」

「教授的博士訓練，是為了維護『學術交叉審核』的水準，當科學都可以通過學術檢驗，世界才有遵循依歸。然而，大部分博士沒接受過教學訓練，所以教學無法吸引學生是正常的。但你知道教授有 Office Hours 嗎？每個教授一週大約有三至六小時，會敞開辦公室大門，讓學生可以找他們諮詢。如果每個學生可以像你找我一樣，主動走進教授的辦公室，讓教授依據個人需求解惑，相信我，許多學生都可以成材成器。」

影評老師一語驚醒夢中人，我理解到，原來學習不是只有老師走向學生，也可以是學生主動走向老師。了解到自主學習「自己做主」的精髓後，我開始到處找老師，可能是在教授休息室，可能在演講場合，也可能是在職場上。我因此學會了國貿、廣告文案、行銷、新詩、散文等一身能力。毫無疑問，「自主學習」是最適合我的學習法。

根據自己的興趣主動學習

之後讀了英研所，學習到美國的語言學大師史蒂芬．克拉申（Stephen Krashen）的學習者起始理論「i＋1」，i是學習者當下的能力，根據i來＋1最有效。但是，一個班那麼多不同的i，不管老師怎麼教，一定無法滿足每個人。

所以當自己成為教師後，我非常鼓勵學生找我「自主學習」。我可以根據不同的i轉換難度，一起討論文學創作、國際網博、校刊製作、社會參與，甚至是網路創業。其實向我學習的學生並不多，不過這幾年的學生已得了三百多個校外文學獎，國際網博拿到世界最高的白金獎，校刊去年又是金質獎，社會參與案例也被編入國中社會課本。「自主學習」效果真的太好了！

每次和學生晤談後，我都會交代學生要大量閱讀。例如一個外交小尖兵的選手寫一篇演講稿，需要閱讀的中英文語料，常超過一本英文課本，但也因此，他們的英文突飛猛進。如果學生沒讀，下次 meeting 看到成品，我馬上就會知道。許多學生因為惰性使然，對自己沒有責任感，常常半途而廢。也因此，「自主學習」成了他們最無效的學習法。

前面提過戴爾電腦未來研究中心估計，到了二〇三〇年，高達八五％的工作是今天不存在的。這告訴我們，未來是屬於「終身學習者」的時代。然而，只有「自主學習者」，才有可能成為「終身學習者」。

所以，不管你現在的成績如何，記得，一定要根據自己的興趣，主動找到對話的老師，當個「有學習責任的主人」，如此才能養成「自主學習」的習慣。然後，你會像琴一樣，追上地平線上天才的身影，慢慢蛻變，最後破繭而出，成為學弟妹追捧的人才，那才是不枉此生的真正天才！

Being Kind Is Being Cool!
仁慈最酷！

家庭教養有兩種：一種是「成功競爭型教養」，這種在「處處和他人比較」環境長大的孩子，較缺乏安全感；另一種是「共好合作型教養」，這種「只和自己比較」的孩子，不需要靠「擊倒他人」來證明自己的優秀。

「競爭型思維」損人不利己

「Cent MUN xxx 的 background guide（議題背景知識）到底是什麼東西呀？一堆基礎文法錯誤，整份的文字都很 general（一般般）……。」

國際教育組長傳給我臉書粉絲專頁「黑特模聯」的負評貼文。身為指導老師，我感覺茲事體大，趕快請這一屆的祕書長寄原文給我。

我很快將這份兩千九百字，關於北極主權爭議的英文讀了一遍，大致上，這是一份四平八穩的導言，詳實整理攸關北極軍事化的歷史及合約，雖然有文法的小錯誤，但都不太嚴重，而且一半的錯誤集中在 however 這個字的用法：however 是副詞，不是連接詞，如果要連接兩句，前面要用分號，但委員會主席卻錯用逗號。

這篇文章最大的問題是，雖然在最後加上參考文獻，卻未符合APA論文格式。也就是說，忘了在引言後加上文獻引用的對應，而且有兩處在複製文獻時，與前後扞格，造成文法錯亂。

對於這些過失，指導老師難辭其咎，所以我們趕快下決策，今年會議辦完後，馬上召集歷屆祕書長開檢討會，計劃以此為基準，編輯一本「辦理模聯的祕書長SOP」，規定主席團發文，一定要加上學術長及指導老師的雙重審稿。

我要求這屆祕書長重寄一份修正版給「黑特模聯」的代表，並感謝他的指正，使我們有改進的機會。然而，我卻對「到底是什麼東西呀？」這樣的字眼非常憂心，因為這是「競爭型思維」的產物。

家庭的教養有兩種，一種是「成功競爭型教養」，這種在「處處和他人比較」環境長大的孩子，較缺乏安全感，認為「擊倒他人」是成功的必經途徑；另一種是「共好合作型教養」，這種「只和自己比較」的孩子，因為有自信，較有安全感，不需要靠「擊倒他人」來證明自己的優秀。

能夠來參加模擬聯合國會議的代表，十之八九是家庭文化資本較高的幸運兒，因為他們父母的經濟能力，足以負擔孩子讀全美語或雙語幼兒園，甚至能供應他們出國遊學、當交換學生。一旦看見「土法煉鋼」學英文的模聯代表，「成功競爭型教養」的學生，常會嘲笑他們發音爛；但「共好合作型教養」的學生，會對自己天生的優勢感恩，進而幫助那些先天較匱乏的同儕。

我自己曾是「土法煉鋼」學英文的魯蛇，讀英文系被一位發音極好的同學嘲笑後，更沒自信心進教室了。

後來是因為進入貿易公司，需要應用英文，最後厚著臉皮不斷犯錯，重新建立起信心，幸運成為英文老師；但由於口腔肌肉已固化，很難擁有漂亮的發音。這就是為什麼十幾年前，在一片反對聲浪及不看好下，我仍堅持成立全台灣第一個大型地區模聯會議，目的是讓學生有「犯錯學習」的機會。

善良比天賦更難得

英文不過是工具，只要有機會練習，一定可以上手。反而是品格，一旦定型後，將積重難返。這也是為什麼華頓商學院的教授亞當・格蘭特（Adam Grant），發現美國大學生的同理心大幅滑落，而且愈來愈不關心比自己不幸的人時，提出「別再養育成功小孩，要教孩子仁慈」的建議。哈佛教育研究所也表示，表達關懷與友善待人，才是感受快樂的泉源。

當教育只強調「成功」卻不教「仁慈」時，不僅校園霸凌現象不會終止，散播不快樂的酸民文化也會代代相傳。

這世界到處充滿「黑特ＸＸ」的粉絲專頁，教我們用黑特（Hate）的仇恨態度來溝通。這樣的文化，是受「成功競爭型教養」者的最愛，因為他們以為踩住他人，自己就會長得更高。其實並不會，就像Netflix《黑鏡》（*Black Mirror*）第三季最後一集「全網公敵（Hated in the Nation）」的主題：「酸民躲在電子產品後面不負責任的炮轟，看似充滿正義，卻造成當事人巨大無形的壓力，讓人活不下去，而酸民總有一天要承擔這些仇恨的反噬！」

這位「黑特模聯」的代表，一定是英文及模聯素養極佳的學生，若他的批評可以改為：「感謝主席花時間整理這份導引，但如果能夠改正……那就更完美了。」相信被指正的同學不僅會更心悅誠服，讀者會認同他的人格高度，這世界也能少一點戾氣。

亞馬遜執行長傑夫．貝佐斯（Jeff Bezos），在二〇一〇年普林斯頓大學的畢業典禮上曾說：「聰明是一種天賦，而善良是一種選擇。天賦得來很容易，而選擇則頗為不易。」真的，有天賦並不足以傲人，要選擇善良更是不容易。

今年籌辦新模聯會議時，我們曾考慮找「黑特模聯」的代表加入主席團，因為他的學術能力極強。但是一位老模聯投下反對票：「真正的領導不是只有靠腦，還要靠心。一個對弱者不仁慈的人，絕對不是一個合格的領導人，而且他忘了聯合國成立的初衷。」

在第二次世界大戰結束後，人類成立「聯合國」，目的就是要防止霸權的恃強凌弱，並為各國提供和平的對話平台。當學生開始「模擬」這個組織時，除了模擬它的架構及議程，也別忘了「模擬」它仁慈的初心，然後，我們才能真的 Change the world, on a bright side!

PEACE
KINDNESS

找到關門後的密碼鎖——被拒絕的素養

其實這個世界就是這麼神奇——
拒絕，不一定是真正的拒絕。
每扇門關閉之後，
其實都還留著一個密碼鎖……。

一封不沾煙塵的邀約信

我每年收到的演講邀約逾百場，已超越負荷，因此日前接到一所高中的邀請後，我照例先行婉拒。想不到十分鐘後，我又收到新的訊息：「敝校擁有台北市最美圖書館，學校後面生態溼地公園即將完工，老師不妨放鬆心情來走走，分享您的『五子棋人生』，我一定會『坐第一排』的……。」字裡行間埋伏的密碼，顯示出這位老師熟讀我的書，我快要被打動了。

一分鐘後，又跳出一部影片，是這所學校的校景影片，字幕是詩人洛夫的詩作〈因為風的緣故〉：

昨日我沿著河岸
漫步到
蘆葦彎腰喝水的地方
順便請煙囪
在天空為我寫一封長長的信
潦是潦草了些
而我的心意
則明亮亦如你窗前的燭光
稍有曖昧之處

勢所難免
因為風的緣故

此信你能否看懂並不重要
重要的是
你務必在雛菊尚未全部凋零之前
趕快發怒，或者發笑
趕快從箱子裡找出我那件薄衫子
趕快對鏡梳你那又黑又柔的嫵媚
然後以整生的愛
點燃一盞燈
我是火
隨時可能熄滅
因為風的緣故

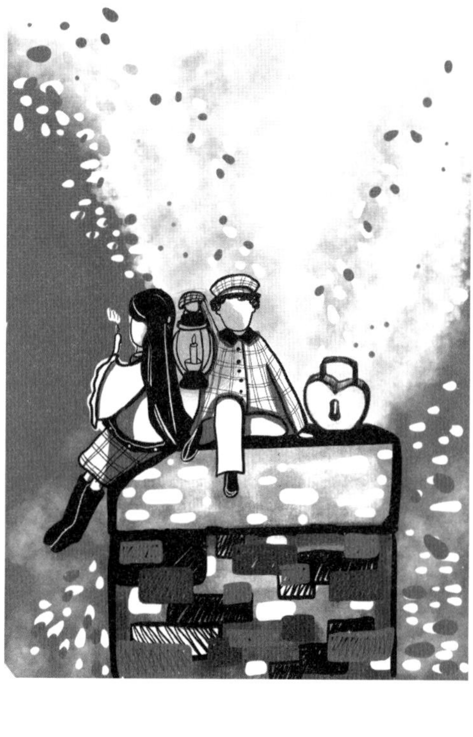

詩的後面，附上了邀約目的：「我們都願意以整生的愛，為學生點燃一盞燈，若有蔡老師的教育之火加持，許多理想將更不容易被吹熄。」我知道，這是一封不沾煙塵的邀約信，因為以詩寫信，並以燭火燃出時間的急迫感，讓邀約的誠意閃閃發光。所以我馬上回訊：「一定赴約，因為風的緣故。」

找到對方在意的「價值」

其實這個世界就是這麼神奇——拒絕，不一定是真正的拒絕。每扇門關閉之後，其實都還留著一個密碼鎖，在門外的人必須讀懂密碼。

十年前我曾寄出電子郵件，邀請東海大學彭懷真教授來校分享，收到他的拒絕回覆後，我非常失望。但神奇的是，十分鐘後，彭教授竟然親自來電：「蔡老師，我可以去貴校，因為剛剛我的祕書拿進一份大包裹，我打開，發覺裡頭有貴校的校刊、簡介，最重要的是你親筆寫的信。我讀到你帶學生做的社會參與，讀到一半，我就決定，一定要去你們學校。」

其實，每一個人的密碼都不一樣，有些人要的是「金錢」；更多的人之大者，要的是「價值」。

現今許多學生會寫信給名人作家，開頭第一句常是：「因為老師要我們採訪名人當作業，因此我想採訪你。」收到這樣的信，大多收信人都會直接拒絕，因為他知道，寄信人只以自己的利益出發，並未考量收信人的忙碌與身體狀況。更重要的是，信中並未點出這作業可以產生的價值。

所以，下次當你要叨擾一位忙碌的對象時，要做好準備，甚至在被拒絕一次後，還有勇氣再提出第二次，甚至第三次的邀約。只要你的誠意夠了，並且點亮行動的價值，相信連煙囪都會為你寫一封長長的信。然後，那位陌生人就有可能化為你的貴人，為你點燃一盞燈，用有限的生命，為你與世界燃燒，因為風的緣故……。

當真人，才有貴人！——日常細節，會反映最真實的人品

小事見格局，細節看人品。

——司馬遷

小事反映你的核心價值

新總務主任最近為學校原本禿黃的地面，種上郁郁青青的草皮，還為學生架設了休憩的木棧道，校園變得美輪美奐。校長常自豪談起他慧眼識英雄的經過：「這老師在校園看見垃圾時，不像多數人視而不見，總是不厭其煩，主動彎腰撿起。可見這個人不吝於付出、對團體有愛，請他當主任，一定沒

錯，事實也證明我沒看走眼。」

校長是閱人無數的績優校長，他看人都從細節看起。事實上，每個人處事的細節，會透露出他的教養，也無法隱藏其最真實的自我。像我就常透過請學生吃飯，來觀察一個學生。

有位才氣縱橫的學生，每次點菜時，總會念念有詞：「老師請客，當然要點最貴的。」結果連續三次，他真的都點最貴的套餐，我也決定以後疏離這位學生。

他的死黨知道我的決定後，非常不解，我解釋道：「司馬遷說過：『小事見格局，細節看人品。』其實我在乎的不是錢，而是在他點菜的細節上，發現他利己不利人的核心價值。」

「利己不利人？」

「是的，他最愛的是自己。這種人不會感恩，習慣把別人當成工具，將別人的付出視為理所當然，所以我每年會盤點我的朋友和學生，將這類人汰除，這樣我才能將有限的生命與資源，分配給值得陪伴的人，就像你一樣。」

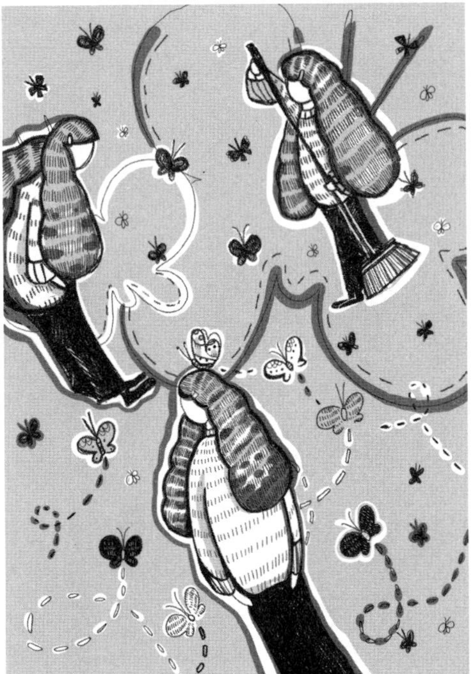

「呵呵，」這位學生有點害羞：「我沒有那麼好啦！」

「有哦！例如看見我在掃地，你會主動搶過掃帚幫忙打掃；你在圖書館看書，看見長輩時，會主動抬頭微笑；還有，你在校刊社，收到我的訊息，一定十二個小時內回覆。」

「哇！這都是我沒注意到的細節。」

真正的貴人都看細節

「老子在《道德經》中說過：『天下大事，必作於細。』我們不經意選擇的日常細節，都會反映一個人最真實的人品，就像西方俗諺講的『魔鬼都藏在細節裡』。這世上的貴人，也習慣觀察細節，以此決定幫不幫一個人。」

「是不是像漢朝的張良，跟那個什麼老人？」他開始有了聯結。

「你講的是圯上老人！又叫黃石公，他送張良《太公兵法》，幫助劉邦一統天下。你知道嗎？根據《史記》記載，張良是韓國貴族，韓國被滅後，他決心復國，就找來一個大力士，打造一隻一百二十斤的大鐵錘，在博浪沙刺殺秦始皇，結果沒成功。總之，張良當時是全國最大通緝要犯。黃石公要栽培他，當然是要先試試他，所以就從彎腰撿鞋的細節，看他是否是個有勇無謀的人。」

「哦，老師，很有意思。但現代還有這樣的老人嗎？」

「呵呵，當然有，古今中外都有。我再講一個西方的故事，你知道美國的『汽車大王』是誰嗎？」

「小學老師有講過，好像叫福特。」

「沒錯，福特年輕時，曾去一家公司應徵，那時總共有四個人應徵，另外三人的學歷都比他高，但最後竟然是福特被錄取。總經理在錄取福特後，告訴他：『我之所以錄用你，是因為你撿起我剛剛故意丟在地上的廢紙。』最後福特沒有讓總經理看走眼，當上該公司的董事長，成了名揚四海的汽車大王。你看，真正的貴人都看細節啊！」

「哇！老師，想不到彎腰撿垃圾的細節，可以真實看清一個人。」

「你知道嗎？福特創辦福特汽車後，給員工薪水也看細節。那時候一個人一天的標準工資是二．三八美元，但如果是同家人生活的已婚者，並樂意照顧家庭，或是二十二歲以上、單身、節儉的人，就可以領到多一倍的日薪──五美元。你看，『樂意照顧家庭』和『節儉』，竟然是給薪的標準。」

「老師，我真的懂了，願意撿起一小片垃圾、真心對人、在很多細節上替別人想，就會帶來很多好運！」

「太棒了，所以你以後要繼續做個重細節、有教養的『真人』，就會遇到許多主動親近你的貴人。如此，你不僅可以擁有更多的資源，甚至可能和張良一樣，開創一個輝煌的世代哦！」

思辨就是，請懷疑你從小的教育

我小時候讀國家編的教科書，
相信中國是台灣的，
所以我小學作文的最後一句，
一定是「收復中國，解救大陸苦難同胞」……。

「大家好，我來自台灣。在我小學的時候，我的父親從香港帶回一張世界地圖，我發現外蒙古不見了，竟然難過得哭了。」

在加州峽谷大學的演講廳，我用卡卡的英文，對著不同國籍的聽眾，敘述自己如夢似幻的記憶：「因為我從小讀的教科書，告訴我中國是台灣的，而外蒙古是中國的，所以小時候看到原本像海棠葉一般美麗的中國，缺了外蒙古，變成一隻老母雞，我憤怒到想撕掉地圖。」

台下一位白人教授發出笑聲，而幾位中國來的學生開始交頭接耳，他們不知道我正在埋哏：「所以小時候，大人教我的，我會全部接受，但現在我覺得，任何國家的兒時教育，都有一種『洗腦』的涵義，就像翻開阿拉伯語的歷史課本，首先映入眼簾的，會是大量反猶主義宣傳，納粹大屠殺不曾存在，有些埃及地理課本上，甚至沒有以色列這國家。」

峽谷大學的歷史教授點點頭，我回以微笑，直接進入重點：「所以如果小時候，大人告訴你：『這塊土地是你們的。』你很可能會相信一輩子，然後願意為此而戰。就像小時候，大人如果給我一把槍，叫我把外蒙古搶回來，我可能真的會開槍殺人，或是在戰場上被人殺了，仍然相信自己是對的。但是，」我環顧四周：「現在我已不會想中國是台灣的，卻開始想，養我、育我的台灣，到底是誰的？」

「台灣當然是中國的。」底下一位中國學生小聲說，但我聽到了。

霧峰林家的歷史悲劇

「是的，台灣曾經是中國的。」我播放下一張投影片：「各位，這是台灣一個家族的故事，霧峰林家，一七四六年自中國福建省渡海來台。但來台第一代的林石，遭官方認定反抗中國，所以被處死，他的太太只好帶著小孩逃走。但歷史很好玩，林家第五代的林文察，協助中國平定台灣的反中國叛變，結果被封了大官，但之後他帶軍隊到中國去平定內亂，結果打太平軍時陣亡。林文察死後，他弟弟林文明繼任，但被中國官府出賣處死。林家因而開始思考：『中國到底是不是我們的國家？為什麼要我們家男人為它而戰，卻又隨隨便便殺我們家的人？我們還需要這個國家嗎？』所以，林家子孫一度想要造反。」

異國的歷史有一點無聊，有幾位聽眾開始打起呵欠，但是我知道接下來的故事更荒謬，所以我一定要講完：「第六代林朝棟經營台灣的事業，賺了很多錢，也開始養自己的軍隊，當時法國軍隊占據越南，也想拿下台灣，在一八八四至一八八五年不斷進軍台灣。而林朝棟率領家族軍隊，幫中國打退了法國海軍。」

台下的人聽到這段歷史，知道台灣差點成為法國的殖民地，開始有一些興味。

我繼續說：「你們看，這家族還是長久認定中國是自己的祖國。但是在一八九五年，因為中國打仗敗給日本，決定割讓台灣，一直到一九四五年，整整五十年，日本成了台灣的祖國，台灣人也被迫為日本而戰，甚至死亡。當時，林家的資產大多被日本政府強行徵收，林家第七代的林祖密決定要抗日，所以他到中國，協助孫中山推翻滿清，成立了中華民國。當時，中國的軍隊被掌握在很多軍閥的手裡，效忠孫中山的林祖密被其他軍閥圍捕殺死，死的時候只有四十八歲。林祖密的大兒子，第八代的林正熊尋求蔣介石協助，組織一支部隊，兩年後到中國，槍斃了殺他爸爸的軍閥。你們看，這一家的男人多熱血！」

南加州是沙漠地形，異常乾燥，我喝了口水，繼續講述這個家族中，最讓歷史口乾舌燥的男子：「林正熊的弟弟林正亨，十九歲時遭日本警察重甩耳光，一怒之下，他到中國讀陸軍官校，和自己的父兄一樣心繫中國。第二次世界大戰時，林正亨為了中國，到緬甸打日本人，打到一九四五年最後一場戰役，身為連長的他，衝在最前線，子彈打光了，就用刺刀打肉搏戰。林正亨身負十六處重傷，還被刺刀戳進後背，雖然最後被救活，但是也殘廢了。之後，林正亨被國家遺忘，只好拖著殘廢的身體，沿途當乞丐，從雲南爬回重慶。回來後，他看到國家官員的貪腐與無能，完全感到失望，於是決定選擇另一個方式，去救自己心愛的國家——他祕密加入了共產黨。當國民黨失去中國大陸，退守台灣之後，林正亨回到台灣執行共產黨的任務，結果被逮捕槍斃。而他在被押赴刑場時，還一路抬頭挺胸，大喊著：『祖國萬歲！人民萬歲！』」

「What a tragedy!」台下一位黑人女同學搖搖頭。

重新檢視過去的思維

「這家族的男人都需要一個國家，去證明青春的浪漫。但是，國家卻讓他們一個個英年早逝。所以我今天想用林家的故事，講述我的家鄉台灣。不同的台灣人，在不同的時代被教養，例如我的外祖父生在日治時代，為日本到菲律賓打麥克阿瑟，而他的好朋友，大多被美軍的機關槍打死在馬尼拉灣灘頭。我的祖父是知識份子，在一九四七年被中國軍人抓到牢裡，差點被處死。我小時候讀國家編的教科書，相信中國是台灣的，所以我小學作文的最後一句，一定是『收復中國，解救大陸苦難同胞』……。」

一位中國的學生噗哧一笑。我也微笑以對：「就像在座的一些中國同學，因為從小接受的教育，你們會願意為『收復台灣』而對我開槍嗎？我來自台灣，自己的土地，也正面臨國家名稱的認同問題，我無權批判在座各位的教育，但今天要麻煩大家重新思考『國家』的概念。約翰·藍儂有一首歌叫〈Imagine〉，有一段歌詞是「Imagine there's no countries/ It isn't hard to do/

Nothing to kill or die for」。這很難，但從今天起，如果我們在思考『愛國』的同時，也思考自己童年接收的國家形象是否可以修正？國家不是應該為人民而存在嗎？國家的領土一定要大，大到造成無辜人民的傷亡嗎？如果更多人願意思考，或許林家的悲劇、緬甸羅興亞人的悲劇、香港反送中正在發生的悲劇，以後不會再上演。謝謝各位！」

演講結束後，幾位中國學生的情緒有明顯波動，甚至衝到國際教育中心，找香港的老師激烈討論。隔日的閉幕派對，一位香港女老師端來一杯果汁給我：「謝謝你昨天的演講，在校園裡，沒有比讓下一代學會思辨更重要的事了！」我對她非常用力的點點頭。

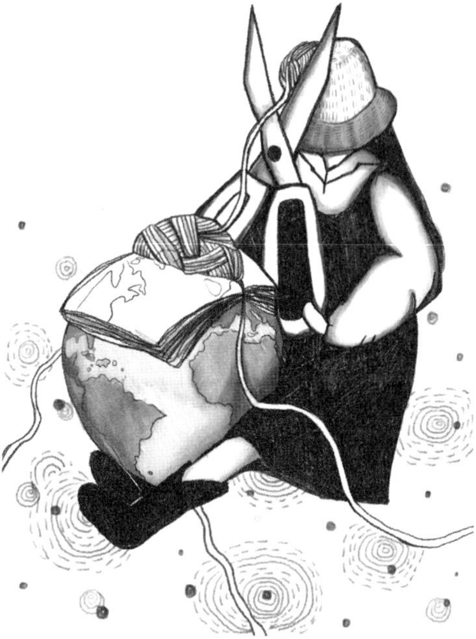

抄襲，就是剽竊

他還這麼年輕，
現在一輸入他的名字，
「抄襲」這兩個字比刺青更侵肌入髓，
天長地久，永存網路。

在參訪德國漢諾威姊妹校時，兩校同學用自製的投影片，分享這學期「能源議題」的研究成果。
分享結束後，台灣同學們圍成一圈討論。
「德國學伴的分享，好像比我們更有說服力。」

「是不是因為他們分享資料時，下方一定會註明來源？」

「是啊！不像我們這一組，明明使用與大莊秉潔教授的研究數據，卻未註明出處，丟臉死了！」

我很高興學生在觀摩異國文化後，得到正向的文化衝擊。

別讓抄襲毀了名聲

「其實，分享或引用他人作品，卻未註明來源與出處，就是對智慧財產權的不尊重，就是抄襲，就是剽竊。」

「哇！老師講得好嚴重哦！」

「當然嚴重！」我想起好多慘痛的黑歷史：「我們模聯有一個主席，只因他的引導文未註明出處，被放到臉書『黑特模聯』粉絲專頁公審，我卻無法替他說上任何一句話。」

「哇！被公審耶，這好慘！」

「還有，每一年的小論文比賽，我們學校都會有好幾篇好作品，因為忘了將引文註明出處，結果被判失格。」

「那麼多作品要看，評審老師怎麼可能每一篇都去查？」一位學生提出了疑問。

「這你就錯了，查抄襲太容易了。現在網路上有許多軟體，評審老師只要將作品輸入，所有『參考過度』的文字就會被反紅標出。」

「可是，老師，」另一位學生也提出質疑：「許多陸劇不是都有抄襲的問題嗎？」

「是的，沒錯。」我打開手機，輸入關鍵字「陸劇抄襲」，讓學生看搜尋結果。

「哇！《楚喬傳》已一審定案，抄襲成立。」

「你看，《錦繡未央》被十一名作家連署指控抄襲，並且判決成立，而且抄了超過兩百部作品，真扯！」

學生你一言我一語的講著。我發覺這是很棒的機會教育，所以繼續輸入關鍵字「台灣作家抄襲」，網頁一打開，學生開始驚聲尖叫：「這不是某某某嗎？老師不是曾請他來學校演講嗎？」

「是他，沒錯，他的抄襲行徑也已經被確認了。你們看，他還這麼年輕，現在一輸入他的名字，『抄襲』這兩個字比刺青更侵肌入髓，天長地久，永存網路。」

「老師，我懂了，我可不想像小偷一樣被世界記住！」

學生下了很棒的結語。真的，偷了他人的物品是偷，偷了他人的智慧結晶，也是偷。因為一時懶惰而當小偷，卻被網路永遠記住，太不值得了！

別等到世界按下暫停鍵——機會一旦錯過就不在

這世界的準則常是，錯過，就錯過了。

就像二十世紀軟片之王柯達，

因為錯過數位時代，最終破產，

但其對手富士軟片成功轉型，至今屹立不搖。

「老師，我能參加甄試嗎？」國際班的面試甫結束，一位女同學衝了進來，鼓起勇氣提出要求。

「名單上沒有你。」同仁提出質疑。

「我……我沒報名……。」

「報名時間有十天之長，你為何不報名？」我提出質疑。

「因……因為我沒信心。」

「那你為何現在又有信心了呢？」

「因為我看到好朋友們都來參加，所以……。」

「好，那你用兩分鐘做英文自我介紹。」我想給女同學試試看。

女同學的發音極好，也願意在暑假參與加速課程。但她最後還是未能入選，因為一位評審說：「She needs a lesson.（她需要學一次教訓。）」

別等到錯過了才懊悔不已

這世界的準則常是，錯過，就錯過了。就像二十世紀軟片之王柯達，因為錯過數位時代，最終破產，但其對手富士軟片成功轉型，至今屹立不搖。又例如項羽在鴻門宴錯過殺劉邦，一輩子再沒機會創立一個朝代。歷史很殘酷，就像劉若英名曲〈後來〉中的歌詞：「有些人，一旦錯過就不在。」

二〇一八年四月，學校第一次舉辦德國姊妹校的交流活動，預計甄選十五位同學，但有勇氣交出報名表的人竟然寥寥可數。最後加強宣傳，舉行第二次甄選，才終於湊足合格人數。

回國後，團員分享他們在柏林、漢諾威、漢堡的所見所聞，加上其他同學得知只需負擔機票費用，都徒呼負負：「好後悔！早知道我就報名徵選！」到了二〇二〇年，兩年一次的德國交流機會又來了，卻遇到新冠肺炎疫情，被迫中斷，而且本年度所有國家的交流都被按下了暫停鍵。真的是「有些機會，一旦錯過就不在」。

每年我都不斷聽到這樣的懊悔聲，但也常聽到不一樣的歡悅音，例如：「我好幸運，把握住這次到德國的機會，夠我回憶一輩子了。」

不久前，我在台北一家廣告公司分享寫作時，一位女孩走到我跟前：「老師，我是畢業七年的校友，今天想告訴你一句藏在心裡的話。」她清清喉嚨，有點小激動：「我記得新生訓練時，你說願意免費輔導全校每一個人參加文學獎，我聽了好高興。高一時忙課業，想說沒關係，明年再找你；二年級時忙社團，自以為三年級也不遲；誰知道三年級忙升學，更不可能！你知道嗎？我申請入學，參加面試時，教授問我有沒有作品？我只想到，我三年間不斷走過圖書館，卻一直錯過你……。」

女孩拿出我的書請我簽名，我毫不猶豫寫下偶像麥可．喬丹的名言：「我能承受失敗，但我不能忍受不嘗試。」

一〇八課綱來了，今年的高一新生，一年後必須上傳六項學習歷程，不知道他們是否知道，很多能豐富學習歷程的人、事、物，就在身邊，但機會一旦錯過，可能就不在了！

不能只有「成功學」，更要有「失敗學」——接納失敗，是對自己最大的溫柔

失敗是生命的常態，
失敗的經驗並不溫柔；
但當我們願意接納自己的失敗，
就是對自己最大的溫柔！

害怕失敗的競爭心態

「那時我正要面對學測，雖然我是班上第一名的常勝軍，但愈接近考試，我愈讀不下書。這完全不是意志力的問題了，我光是坐在書桌前，就一直噁心想吐，內心的焦慮彷彿失控的旋轉木馬，生命旋律就此失控。」

學生角落星提到自己高三時，第一次出現憂鬱症狀的狀態，那時她心裡常出現「我不想失敗，我必須讀書」的聲音，但這個聲音愈大，她的身體愈沒力氣。「害怕失敗」是個強大的對手，完全擊垮角落星，最後憂鬱症漸漸攫取了她。

你知道全世界最「害怕失敗」的學生在哪裡嗎？答案竟是「台灣」。PISA（國際學生能力評量）問了全世界的學生三個問題：

1. 當我失敗時，我會擔心他人對我的看法。
2. 當我失敗時，我害怕我沒有足夠的才能。
3. 當我失敗時，會讓我懷疑對未來的計畫。

評量報告於二〇一九年十二月出爐，結果發現台灣男女學生，都是全世界最害怕失敗的第一名。其中，女學生又比男學生更害怕失敗。因為我們在考試中長大，在比較中長大，教育的環境只教我們追求成功，卻很少教我們如何面對失敗。

害怕失敗的人，也害怕挑戰；害怕失敗的人，最可能在失敗之後從此一蹶不振。

兩位熟識的輔導老師，都不約而同向我表示，今年輔導個案衝到歷年最高，而且發現：「成績在金字塔尖端的學生，往往有最脆弱的心靈。」

一位輔導過的女生，國中讀私校時都是全班第一名，後來直升高中部，成績再也無法獨占鰲頭。她一怒之下，拿出心愛的小提琴，剪斷每一根琴弦，之後成了拒學生，躲在家中整整一年。因為她的世界只容許完美，拿不到一百分，她寧願拿零分。

其實，我自己也曾經有這種「寧為玉碎，不為瓦全」的心理。因為畢業自第一志願的高中，考上私立大學後，我真的「擔心他人對我的看法」、「害怕我沒有足夠的才能」、「懷疑對未來的計畫」，所以自我期許愈來愈低，結果學業成績一蹶不振，大學竟然有六科拿了零分——我剪斷了通往未來的每一根弦。

大二和大三時，班上來了幾個插班生，他們都是高中聯考時輸我一百分的高職生或專科生。在我的眼中，這些人都是聯考的失敗者，但是他們沒有失去向上的鬥志，繼續考大學插班考，沒考上國立，又落到私立。我從不覺得他們有多優秀，直到大三時，一位班上同學告訴我，學期成績前三名，全都是插班生。

「這有什麼了不起，我不唸而已。」我酸溜溜的回話。

放棄嘗試，才是真正的失敗

直到上個月，大學的ＬＩＮＥ群組出現一則新聞分享，原來是一位當年的插班生，接下全球前三大被動元件大廠的財務長。再看看這位老同學的資歷，嚇死人了，一樣英文系畢業，她竟然到台大和美國長島大學拿到會計碩士，還當到全世界前四大會計師事務所的營運長。天哪！她不是高中聯考的失敗者嗎？

愛因斯坦說得好：「只有放棄嘗試的人，才是失敗者。」老同學沒有放棄嘗試，沒有放棄跨界學習，她不是失敗者；而我，當年一次失敗就停止嘗試，我，才是真正的失敗者。

還好過了四十歲，我遇到鼓勵我的貴人，又開始嘗試學寫新詩、學寫歌詞。我愈敢嘗試，就得到愈多小成功，甚至寫了八本書，成為課本作家。好險，我年紀大了還敢再試一次。我曾被擊倒，但沒被擊倒一輩子。

角落星這半年持續與我對話，狀況起起落落。我發覺優秀的她，非常缺乏信心，連對主管提出進修的嘗試都不敢。

「你若不試，永遠不會有機會。」

「但老師，如果被拒絕怎麼辦？」

我們的對話常陷入這樣的無限迴圈，角落星「害怕失敗」的心態，一直是隻難以馴服的巨獸。日前她在部落格發了一篇文〈敬憂鬱一杯──給灰暗一個最溫柔的容許〉，其中談到：「唯有當我『放下完美主義，放下成為可能的更好的自已』，我才能接受現在身體的狀況，我才能接納我這樣一個人。」

角落星不斷練習，並發覺當自己情緒很不穩定，或者身體出現莫名不舒服時，就是因為沒有「接受現況」。上個月她終於突破心魔，提出進修申請。她終於理解，失敗是生命的常態，失敗的經驗並不溫柔，但當我們願意接納自己的失敗，就是對自己最大的溫柔！

後記

此文完成一週後，我見到角落星的臉書貼文，知道她考取了師大研究所。「我終於朝向心理諮商師的夢又跨出了一步。是的，沒有第一步，就不會有第二步，我會勇於繼續嘗試的，一起加油！」角落星如是說。

不怕失敗的星星，不會一直被忽略在角落的，角落星知道。

堅持，只要一個理由——對得起人生這個舞台！

第一次放棄是痛苦的；
第二次放棄則較為輕鬆；
當你放棄第三次，就已漸漸把它當做習慣了。
——路易士・皮武

不服輸的體育家與音樂人

「層次做得好，我超級愛！」老蕭老師給一票。

「你是潛力股！」宥嘉老師再給一票。

已經有兩位評審過關了，電視機前的每一個觀眾，都篤定這位歌手即將闖進第二屆《聲林之王》的最後七強。

「我不管曲多好，今天唱得多好，我認為詞不夠高級，沒辦法幫台灣走向世界。」第三位評審忘了台上這位自己作詞作曲演唱的大男孩，才只有十八歲。評審一時興起，送給男孩「帶領台灣走向世界」的標準，選擇棄票，湊不足三票，大男孩瞬間從雲端被打落凡間。

直播的留言板馬上一片哀鴻遍野，不捨的觀眾紛紛為歌手叫屈。電視機前的女兒和太太大呼不公平，我也憤怒的想要捶牆，因為文字是我的專長，寫的歌詞也得過全國首獎。我知道男孩的詞超好，他就像在登頂前，遇到千年一次的地裂，天地無言，榮耀瞬間陸沉。「沒關係，他會再站起來的。」我很篤定的對家人如此說，因為我看見他跌倒再跌倒，也看見他一次次從泥濘之中爬起。

這位大男孩是音樂人吳霏，就讀於我服務的學校，他從國中開始跟著教練爸爸練撐竿跳，國中時得過兩次全中運金牌。但是高一時，他因為過度練習而受傷，導致慣性的尾椎韌帶拉傷，雖然努力復健，但每每在快掌握到肌肉和技巧的時候，又開始疼痛，結果因傷無法參加全中運。高二時，歷史再度重演。他在惠文高中三年，幾乎被運動判了死刑。

吳霏自認運動生命已經結束了，於是自學音樂，寫自己的心情，唱自己的旋律。他想把體育人不服輸的精神變成音符。他學Rap、學編曲、學唱歌，學得超認真，但在二〇一九年四月初，我帶校刊社去訪問他時，他仍沒沒無聞。

堅持只要一個理由，放棄卻有千百個藉口。四月底，高中生涯最後一次全中運，吳霏不給自己任何放棄的藉口，他選擇一個堅持的理由，就是要給運動生涯一個交代。他忍著身體的苦楚，繼續知其不可而為之的苦練，他想再跳一次，跳給父親看，也跳給自己看。二〇〇八年度全中運，高三的吳霏奮力一跳，跳出四．八五公尺，取得高男組金牌——高中三年唯一的全中運金牌。但一身的舊傷讓吳霏知道，這是田徑場上的最後一跳。

要對得起「生命」的舞台

真正的堅持並不是用蠻力去撞牆，而是路到了盡頭後，勇敢轉彎，繼續堅持，就像海倫・凱勒說的：「轉彎的路並不是路的終點，除非你不肯轉彎。」吳霏在運動生涯的盡頭，轉了一個大彎，來到音樂的戰場，報名第二屆《聲林之王》。那裡有更多失敗和苦痛，甚至需要更多的堅持。

第二屆《聲林之王》的準決賽，像一根突然架高的桿子，在吳霏發揮一二〇%力量，跳到生命最高處時，猝然將他擊落。這樣的失敗，是否會讓吳霏放棄音樂之路呢？不，當然不。吳霏練撐竿跳，最後三年如影隨形的，都是如他形容的「分筋裂骨、令人飆淚的痛」，而他都沒放棄。才一次舞台的重摔，他怎會放棄？美國籃球教父約翰・伍登（John Robert Wooden）曾說：「千萬別放棄你的夢想，否則你的夢想將放棄你。」不輕易放棄夢想的人，夢想也不會放棄他！

放棄是最容易的事，像我在寫這本書時，正遭受五十肩極大的痛楚，每打幾個字，痠痛就會如電流般，從頸部一直傳到指尖。但我總會想到南非前總統曼德拉的話：「事情總是在完成前最艱難。」所以愈想放棄時，就會想到這是愈接近成功的時候，於是力量又來了，就這樣在痛苦中堅持，八年八本書，從不間斷。奇怪的是，每當到了交稿的那一天，所有痠痛都轉為莫大的喜悅。

其實，我也曾是個習慣放棄的人。大學時我堅持寫了四年，畢業後每年跟自己講：「今年我一定會重新提筆。」但是，我連續放棄了二十二年。是的，每年都立志，然後每年說服自己放棄，因為習慣了，就無感了。如同第一位在世界五大洋中遠泳的路易士．皮武（Lewis Pugh）所說：「第一次放棄是痛苦的；第二次放棄則較為輕鬆；當你放棄第三次，就已漸漸把它當做習慣了。」

其實每個人都有獨特的能力，最後決定一個人成就高低的關鍵，無非是他堅持與放棄的習慣。或許堅持不一定成功，但放棄一定會失敗。

吳霏一定非常了解這個道理，所以他總是不論成敗，堅持到最後。吳霏唱完最後一首歌後，坦然的面對鏡頭說：「我用最後一口氣唱完這首歌，不管是否晉級，我對得起這個舞台，沒有對不起自己。」

講得真好，管它身體痛苦有多大，管它放棄念頭有多強，想堅持下去，只需要一個理由，就是要對得起自己，絕對不要，絕對不要對不起「生命」這個舞台。

從 Ordinary 到 Extraordinary——用感動造就非凡

ordinary 是平凡，
extraordinary 是非凡，
它們的差異只有字首的 extra。

創造感動是成功關鍵

「老師，我覺得應該差不多了。」

「差不多就是差一點，如果每個地方都差一點，這樣最後整本校刊就會差一截。」

「老師，我已經花很多時間了，覺得很難再做得更好。」

「你花很多時間，卻沒得到學習，因為你是閉門造車，沒去觀摩好作品，沒有去整合各種美學元素。」

「老師，那麼多刊物，要怎麼觀摩？」

我從書架上拿出一本《天下》雜誌，隨手打開其中一頁。

「你覺得你的版面，和《天下》雜誌有什麼差別？」

「少了……頁眉設計，少了挑出每一頁的好句子去吸引讀者，少了……。」學生繼續苦思。

「還有，前言的字體區分，字押圖時用透明色塊解決，圖檔都是方形時，人物用去背出格，避免單調。」

學生聽進我的建議，做了一次又一次的修正，他們也因此學到更多設計美學。全國校刊比賽結果一公布，果不其然，囊括了金質獎、文編獎、美編獎三座大獎。

「老師，感覺一切的堅持都值得了，我好感動！」

「是啊！要做到感動自己，才能造就非凡。因為在這個世界上，優秀還不夠，要非凡才能生存。」

「老師，我不懂耶！」

「以前全世界的手機有幾十個品牌，功能和外形都差不多，但是蘋果一出來後，一切都不一樣了。賈伯斯除了在技術上模仿各家所長外，最重要的是，他堅持做到令自己感動的美學。賈伯斯要求所有開發者想像，什麼樣的手機會讓你愛不釋手、想強烈占有？他要求蘋果手機必須美得令人目不轉睛，他要求按鍵要消失，外表得潔淨無暇，要以○・一公釐的視覺差距做出完美方塊。最後，全世界手機剩下兩種，就是「蘋果」還有「非蘋果」。蘋果成了時尚的代名詞，賣得超貴，但消費者永遠買單。反觀其他功能『差不多』的手機，現在的市場地位卻差很多。」

「對耶，」一位女同學點點頭：「以前常看到台灣的HTC和芬蘭的NOKIA，但現在好像都快不行了。」

「老師，真的耶！」美編長呼應：「就像我們社區的餐廳，吃起來差不多的店，最後都倒了，只有那種吃起來會讓人感動的店，才生存下來。」

「是啊！其實不僅手機與餐廳，人也一樣。許多『差不多』的新鮮人，很難拿到高薪，但是一個可以創造感動的人，不管是在什麼行業，都會被人高薪挖角。」

想出頭，就要有額外的付出

我憶起以前在補習班的奇遇：「我二十幾歲從台北回台中後，才發現台中連一家綜合廣告公司都沒有，只好到補習班應徵。我的職務是英文輔導老師，但也必須兼當班導。授課老師上課前，我必須為他們泡茶。我觀察到大部分老師怕喝太燙的茶，而且喜歡的茶種不同，因此，我買了不一樣的茶包，甚至製作一張菜單供老師點餐。而且我會在上課前十五分鐘就先泡好，這樣等到上課時，溫度喝起來剛剛好。結果一位大牌老師很感動，他說補習班跑了二十幾年，沒看過像我這般額外付出的導師。後來他主動幫我介紹，讓我每天有課上，並且因此打下經濟基礎，也才敢買房和結婚。」

「老師，你想得好細，我覺得你如果開餐廳，生意應該也不會太差。」

「其實在各行各業會不會出頭，差別都是態度的問題，最後 ordinary 一定會輸給 extraordinary。」

「老師，這兩個字是什麼意思？」

「ordinary 是平凡，extraordinary 是非凡，它們的差異只有字首的 extra。extra 是額外的意思，也就是說，若你可以比平凡人用心，多做一些額外的付出，你就能製造感動，成為非凡。」

「老師，我好像懂了，以後不管是做校刊，還是做其他事，要更用心，要做到最細節。」

「太棒了！以後要記得，如果十分是滿分，那你一定要做到十一分，額外的一分，就叫做感動。可以感動自己，就能感動別人，就是非凡的人！」

ORDINARY
EXTRA

在愛與恨的裡面、外面——「不貼標籤」的國際素養

恨不需要能力，
愛，需要。
——洪荒

打破刻板印象的偏見

記得二十年前的冬季，我住在溫哥華的寄宿家庭，每天晚上會跟日本、韓國的室友，在天寒地凍的北溫，喝著啤酒，天南地北的聊天。

來自韓國光州的室友Park，還在讀大學，但已當過兵，大口吃肉，大口

喝酒，開口閉口就是：「我們光州男人不一樣！」偶爾他會若有所思望著墨黑的夜空，自肺部吐出淡淡的煙霧：「其實我不喜歡首爾人。」

十幾年之後，我看了電影《我只是個計程車司機》，才知道一九八〇年的光州事件，那時仍未得到平反，許多血，還未乾，Park 心中仍有著無法痊癒的傷口。

之後我曾跟仁川的學校締結姊妹校，辦理過一次交流後，交流完全中斷，不管寄多少封信，都得不到回覆。「我不喜歡首爾人。」Park 的這句話又在我耳際響起，「是啊！仁川是首爾的外港，他們都一樣令人討厭。」

「斷交」一年後，信箱突然跑出一封韓國的來信，原來仁川姊妹校有了新的承辦人，她很有溫度的道歉：「非常對不起，因為韓國公校老師在教滿五年後，就必須強制調校。上一位承辦人離開後，姊妹校的交接工作沒做好，現在我被指派這個職務，一定會努力將它做好。」

「請問你是首爾人嗎？」我突然問了一個很無厘頭的問題。

「我是首爾人沒錯……請問，這和交流有相關嗎？」

「呵呵，沒什麼，我只是覺得，來自首爾的老師……都特別有熱忱。」我給自己一個下台階，但心中仍感到困惑。

兩年前至德國交流，我心目中對德國人的印象，就是做事一板一眼，沒想到那次合作的兩個老師非常「浪漫」，每天活動都沒有什麼規劃，「隨機應變」的結果，就是好幾次全團快跑，才能在最後一刻趕上電車。

「我覺得你比較像浪漫的拉丁民族，不像典型的德國人。」一次在柏林氣喘吁吁跳上火車後，我不禁調侃德國的馬修老師。

「哈哈，德國很大，北德、南德的人差異很大。我不知道你心目中的典型德國人是什麼樣子？」

好幾次，記者問我：「這二十年來國際教育之旅，最大的收穫是什麼？」我總是這樣回答：「不斷撕掉他們身上的標籤。」

七年前，我受到波士頓艾力克老師的熱情招待後，用力抱著他：「你是我另一個大陸的兄弟。」說完，我撕掉了好久以前，一位加拿大友人曾貼的標籤：「美國人就是自大。」

我覺得這幾年，自己變得愈來愈柔軟，愈來愈能在國際交流時，包容彼此的差異，甚至愈來愈能「往好處想」。

對所有可能充滿善意與彈性

二〇一九年，我幫作家買買氏的新書《親愛的！我回地球一下》寫序。看完整本「星球浪人」的故事後，我非常贊同吳念真導演對買買氏的形容：「跳脫人種、文化、疆域、意識型態、價值觀念等等的羈絆，成為真正自由的人。」

買買氏這三年到地球的正面、背面、上面、下面旅行，風塵僕僕、狼狽不堪的走了一圈。她在以色列農場當農工，讓沙和鳥屎肥吹進鼻孔，還被農場主人餓到偷吃羊飼料裡的花生。她想怨恨以色列農場主人時，就用力去想念台拉維夫的民宿主人——每天為她費心準備鮮嫩的聖彼得魚、香酥的油炸鷹嘴豆餅、甜蜜的椰棗……想其他以色列人對她的好。

在與貝都因人共騎駱駝時，買買氏和非常喜歡台灣文化的韓國人一見如故，並開始在漫天風沙中，思考自己過去的仇韓心態；在英國，她見到只配警棍、沒有配槍的英國警察，便思考美國式的「以暴制暴」，真的是對的嗎？

在祕魯，她懷疑過兩個志工組織領導人的善意。最後，她還是在兩位志工身上，看到了愛。在約旦的青年旅館，買買氏聽到伊朗籍的阿里對台灣不產石油的反應：「啊，你們真幸運！」她回到房間，關起門大哭了一場，因為她發現，石油使得同旅館裡的敘利亞人和伊朗人都成了難民。

她在電腦上敲下訊息：「我發現這個世界，並不存在著公平。這輩子要成為怎樣的人、是否能擁有幸福，很殘酷的，很多時候你根本無能選擇！」那個晚上，敘利亞平民遭到可怕的化學武器波及，包括孩子在內，他們口吐白沫的死在與他們無關的仇恨。

買買氏用離奇的相遇、瑰麗的文化、豐盛的美食，還有人間的深情，教我們逼視這世界的愛與恨。我們都在地球的正面、背面，也都在愛與恨的裡面、外面，但買買氏，情願站在愛的裡面。

世界似乎離我們很遠，但愛戀與仇恨，卻離我們很近。在選擇愛與恨前，我們可以翻開慣性思考的背面。正視它，然後你會發現，所有的恨，都來自愛；所有的恨，也都想轉化為愛！

在國際教育成為校園顯學的今日，或許我們可以先教會學生「不貼標籤」的習慣，擁有一副柔軟的心腸，對所有的可能都充滿善意與彈性（Flexibility），然後他們會理解，最深沉的國際素養，不是語言檢定，而是愛與包容，就如同作家洪荒的名句：「恨不需要能力，愛，需要！」

—後記—

素養是系統動力學

一個國家強盛與否，
就是看「複雜系統」的設計與製造能力。

——吳宗信

「如果做不到兩年就離職，這樣學不到『系統』，以後怎會有競爭力？」日前向高中老同學威廉推薦我的學生，但他過去累積太多不愉快的用人經驗，對Z世代有點心灰意冷。

我知道威廉說的「系統」是什麼。

威廉和我一樣，高中讀得不好。他私立大學國貿系畢業後，擔任進口醫療器材業務，三十歲時「由文轉工」，成立工廠，生產各式醫療呼吸管。

二〇二〇年世界疫情嚴峻，他的產品因為逐年升級，通過ISO、歐盟CE，以及加拿大CMDCAS醫療器材認證，全世界需求孔急，公司業務蒸蒸日上。問他成功的祕訣，他謙虛的說：「就是終身學習。我不怕髒，就東摸西摸，最後連機器也摸透了。最重要的是，我對呼吸管的製造、行銷、世界需求『系統』都搞熟了，就可以不怕全球化的競爭。」

上個月，我與中央大學太空所趙吉光所長洽談校際合作，聽到他語重心長的說：「台灣在二十一世紀，若要保持國際競爭力，最需要的是有『系統觀』的人。」

一樣談到「系統」，趙所長希望可以向日本買到價值台幣二十萬元的組合式立方衛星，讓高中生與大學生在實作中，學會衛星需要的AI、機器人與C語言。「可以在這樣課程學到『系統觀』的學生，放到世界任何地方，都是人才。」

趙所長談話的自信，就像五月天歌曲〈頑固〉的真實人物——交大教授吳宗信。吳教授在TED × Taipei演講時表示：「以代工為主的產業型態，長久以來把台灣科技研發人才，綁向特定的產業鏈位置，無限的想像能力慢慢失去。如果所謂的研發，只是優化別人的『系統』，只是無止境的追求效率與降低成本，我們產業的未來在哪？」

吳教授的自製火箭，最後真的離開地球，一飛沖天。而他在前瞻火箭募資網頁上如此寫道：「一具火箭，結合整個工學院的知識，其『系統工程』之複雜更是難以言說。但是一個國家強盛與否，就是看『複雜系統』的設計與製造能力。」

其實，以「生活情境」為圓周，以「終身學習」為圓心，以「自主行動」、「溝通互動」、「社會參與」等三個構面為核心素養的一〇八課綱藍圖，就是一個教育的「複雜系統」。但第一次看到這張圖時，我竟然眼眶泛紅，心底如雷共鳴：「天哪！我終於等到了！」

二十幾年前，我開始帶學生做社會參與；十四年前成立第一個地區模聯會議時，沒有任何同科老師表示支持；現在同時帶七個社團，自覺是個怪胎，但如今我終於知道這些歷程背後的動機。原來是因為擔任教職前，在工廠與商界做過不少工作；原來是因為自己的「英文素養」、「商業素養」、「文學素養」、「社會參與素養」與「國際教育素養」，都是在「生活情境」中學會。所以，當設計教學活動時，我都會下意識將學生的學涯、職涯與生涯做「系統性」考量。最後，或許複雜，卻成了我終身信仰與實踐的系統。

現在，我想用這一本書，將自己操作良久的系統，來類比一〇八課綱的系統，或許無法完全貼近。但是，希望大家看完這本書後，都能確信：

教育不是只有考試！

教育是人的系統！

教育是國家未來興衰的關鍵系統！

真的，素養是一套系統動力學，是這時代的親、師、生，都必須理解的系統。願本書能為台灣教改帶來一點動力，讓有效能的學校，培訓更多有「系統觀」的人才！也願台灣在世界的系統裡，永遠是最驕傲的核心！

定位點 BKELS001P

青春微素養
36個通往更理想自己的基本功

作者／蔡淇華
內頁插畫／何湞涵
封面插畫／ rabbit44
責任編輯／盧宜穗・陳子揚（特約）
校對／何鈺佩
封面設計／黃育蘋
內頁設計及排版／連紫吟・曹任華
責任行銷／蔡晨欣

青春微素養：36 個通往更理想自己的基本功／蔡淇華著. -- 第一版 -- 臺北市：親子天下，2020.06
320 面；14.8X21 公分. --（定位點；BKELS001）
ISBN　978-957-503-616-4（平裝）

1. 修身 2. 人生哲學 3. 生活指導 4. 青少年

192.1　　109006764

天下雜誌群創辦人／殷允芃
董事長兼執行長／何琦瑜
媒體產品事業群
總經理／游玉雪
總監／李佩芬
版權主任／何晨瑋、黃微真

出版者／親子天下股份有限公司
地址／台北市 104 建國北路一段 96 號 4 樓
電話／（02）2509-2800　傳真／（02）2509-2462
網址／ www.parenting.com.tw
讀者服務專線／（02）2662-0332　週一～週五 09:00~17:30
讀者服務傳真／（02）2662-6048
客服信箱／ parenting@cw.com.tw
法律顧問／台英國際商務法律事務所・羅明通律師
製版印刷／中原造像股份有限公司
總經銷／大和圖書有限公司　電話／（02）8990-2588

出版日期／ 2020 年 6 月第一版第一次印行
　　　　　2022 年 11 月第一版第十次印行
定　價／ 380 元
書　號／ BKELS001P
ISBN ／ 978-957-503-616-4（平裝）